#1 Country Hits of the 2000s

ISBN 978-1-4234-8961-0

HAL•LEONARD®
CORPORATION
7777 W. BLUEMOUND RD. P.O. BOX 13819 MILWAUKEE, WI 53213

Visit Hal Leonard Online at
www.halleonard.com

AIN'T NOTHING 'BOUT YOU

Words and Music by TOM SHAPIRO
and RIVERS RUTHERFORD

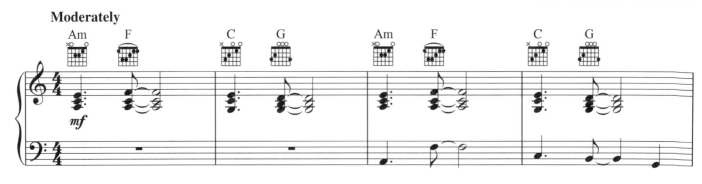

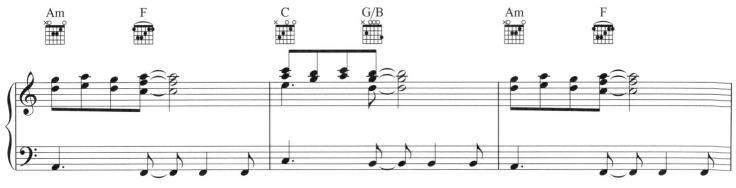

Once I thought that love was some-thin' I could nev-er do. ___
In my life I've been ___ ham-mered by some heav-y blows ___

___ Nev-er knew that I could feel this much. But this yearn-in' in the
___ that ___ nev-er knocked me off my feet. All you got-ta do is

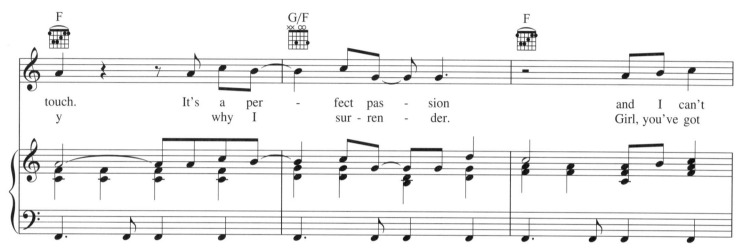

move when you walk by, there ain't noth-in' 'bout __ you that don't do some-thin' for __ me.

Whoa _____

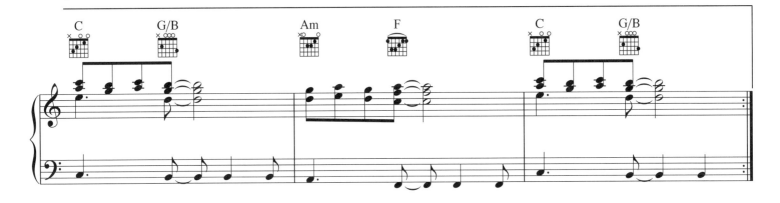

I love your at-ti-tude, your rose tat-too, your ev-'ry thought, your smile, your lips and,

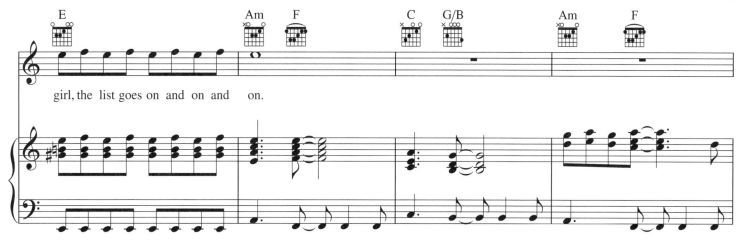

girl, the list goes on and on and on.

The way you look, the way you laugh, the way you love with all you have, there ain't

noth-in' 'bout _ you that don't do some-thin' for __ me. The way you kiss, the way you cry, the way you

move when you walk by, there ain't noth-in' 'bout _ you that don't do some-thin' for __ me. The way you

look, the way you laugh, the way you love with all you have, your dance, your drive, you

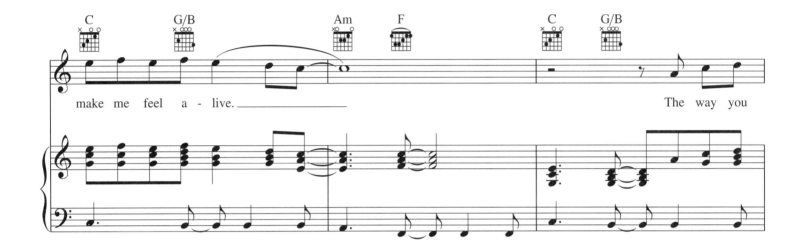

make me feel a - live. _____ The way you

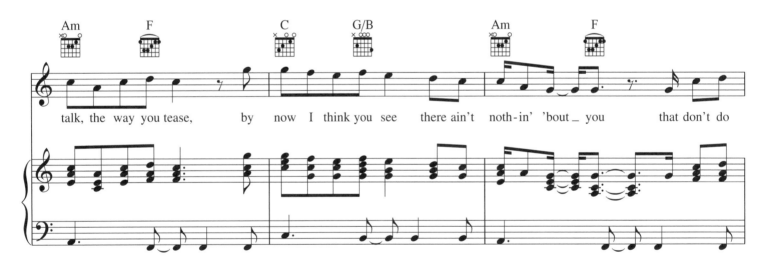

talk, the way you tease, by now I think you see there ain't noth-in' 'bout __ you that don't do

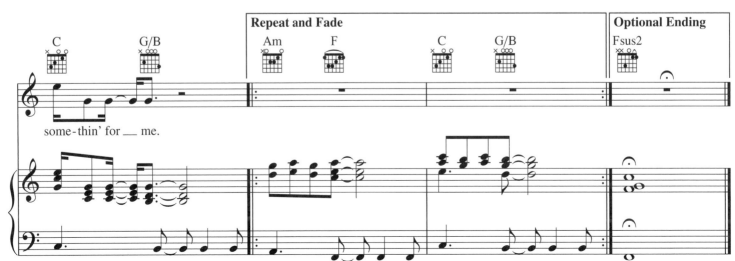

Repeat and Fade   **Optional Ending**

some-thin' for __ me.

AS GOOD AS I ONCE WAS

Words and Music by TOBY KEITH
and SCOTTY EMERICK

She said, "I've seen you in here ____ be-fore."
I still hang out with my best ____ friend, Dave;

I said, "I've been here a time or two."
I've known him since we were kids at school.

She said, "Hel-lo, my name is
Last night he had a few shots,

Bob-by Jo. ____
got in a tight spot

Meet my twin sis-ter Bet-ty Lou.
hus-tlin' a game ____ of pool

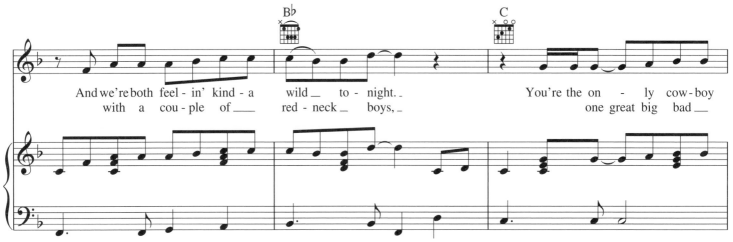

And we're both feel - in' kind - a wild __ to - night. __ You're the on — ly cow-boy
with a cou - ple of __ red - neck __ boys, __ one great big bad __

in this place. __ And if you're up for a ro - de - o,
bik - er man. __ I heard __ Da - vid yell a - cross the room,

we'll put a big __ Tex - as smile __ on your face." __ And I said, "Girls, __
"Hey, bud - dy, __ how 'bout a help - in' __ hand?" And I said, "Dave, __

I ain't as good as I once __ was. I got a few years __
I ain't as good as I once __ was. My, how the years have
__ was. That's just the

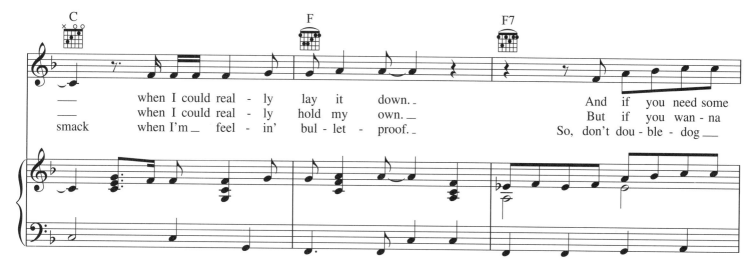

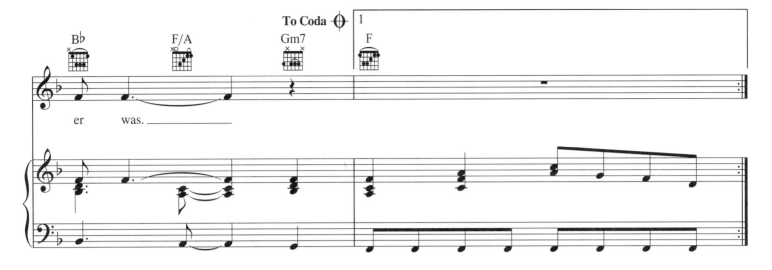

er was. _____

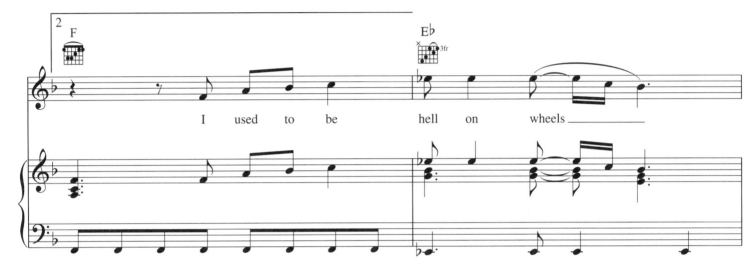

I used to be hell on wheels _____

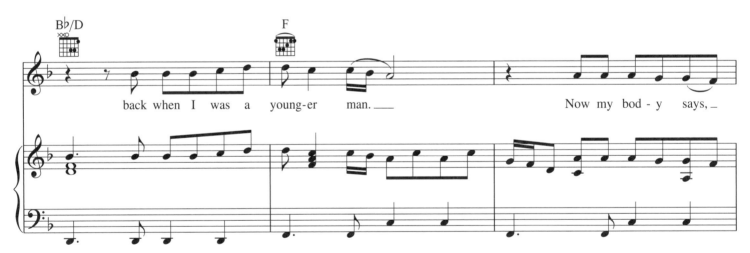

back when I was a young-er man. _____ Now my bod-y says, _

"You can't do this, boy." But my pride says, "Oh, yes, you can." _____

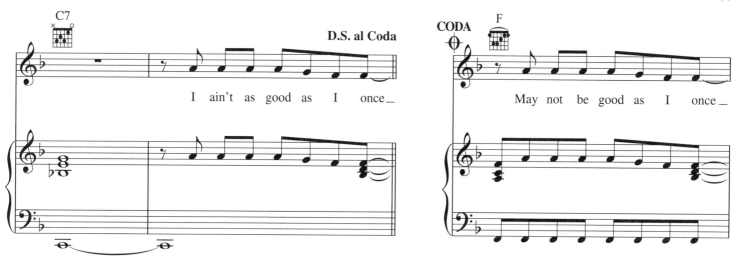

D.S. al Coda

I ain't as good as I once__

CODA

May not be good as I once__

__ was, but I'm as good__ once as I ev - er was.__

BLESS THE BROKEN ROAD

Words and Music by MARCUS HUMMON,
BOBBY BOYD and JEFF HANNA

Moderately

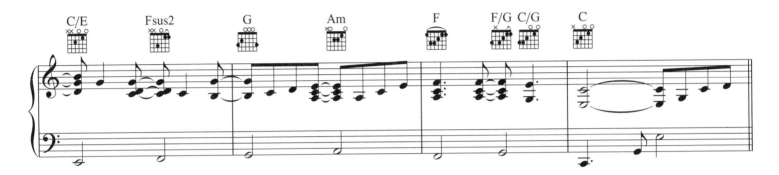

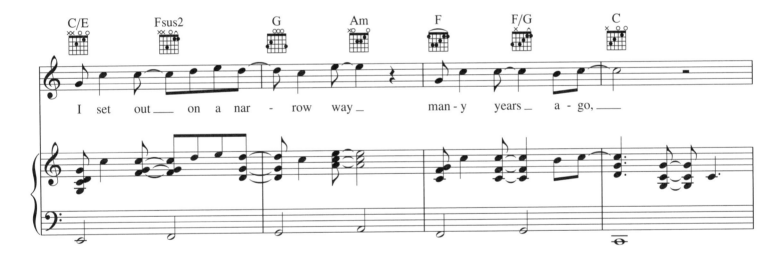

I set out ___ on a nar-row way ___ man-y years ___ a-go, ___ hop-ing I ___ would find ___ true love ___ a-long the bro-ken road. ___ But

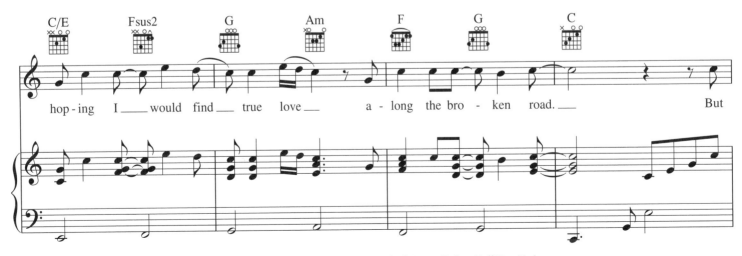

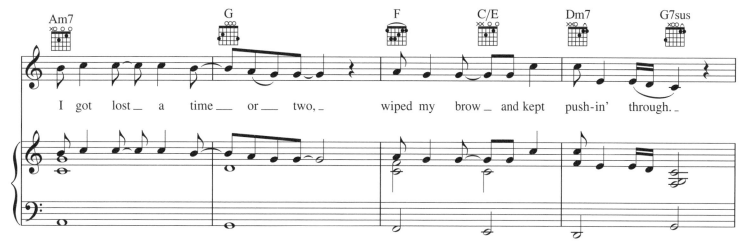

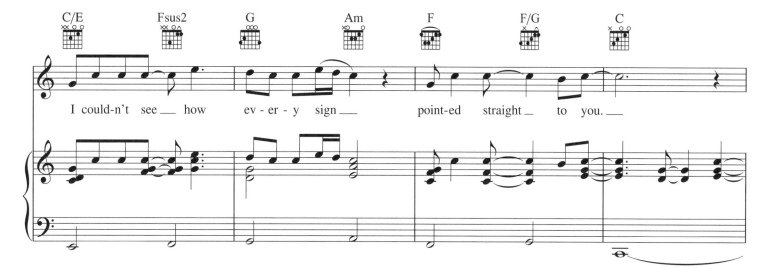

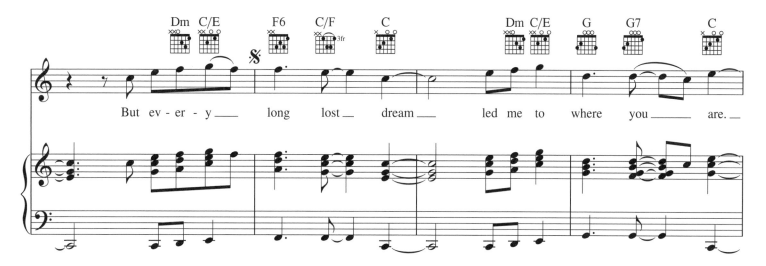

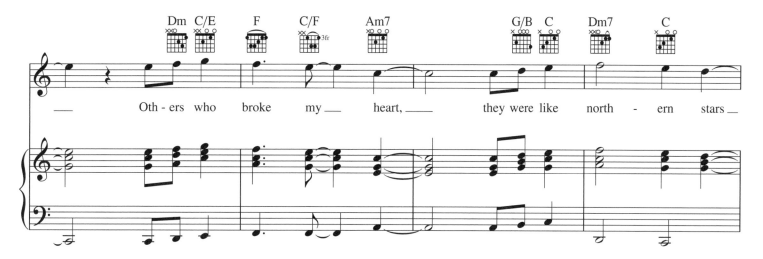

point-ing me on my _____ way _____ in - to your lov - ing _____ arms. ___

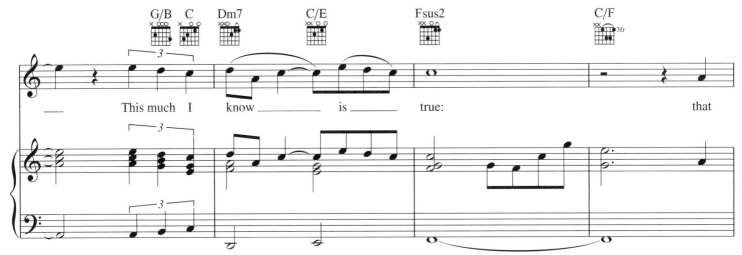

This much I know _____ is _____ true: that

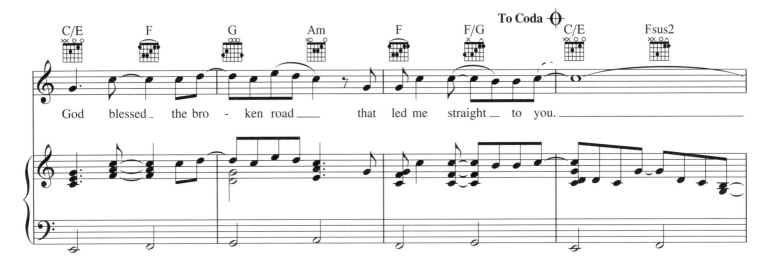

God blessed _ the bro - ken road ___ that led me straight _ to you. _____

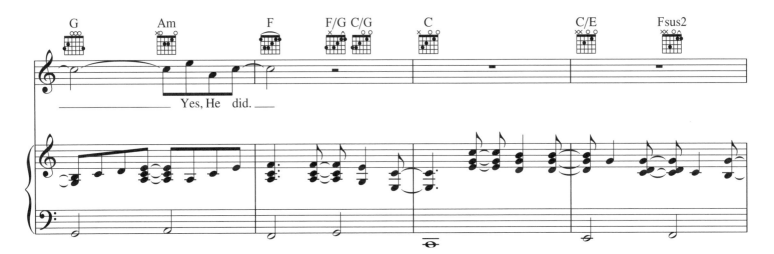

_____ Yes, He did. ___

I think a - bout __ the years __

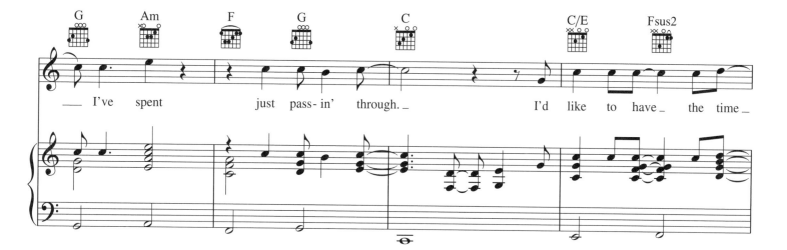

__ I've spent __ just pass- in' through. __ I'd like to have __ the time __

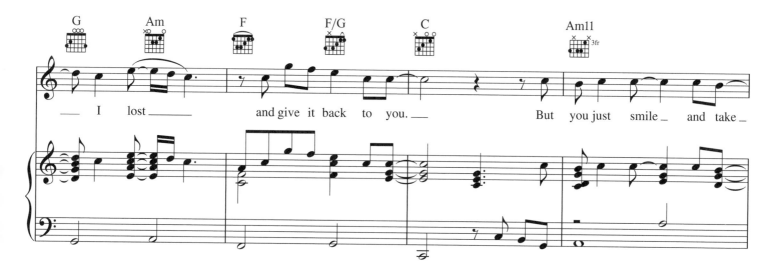

__ I lost __ and give it back to you. __ But you just smile _ and take _

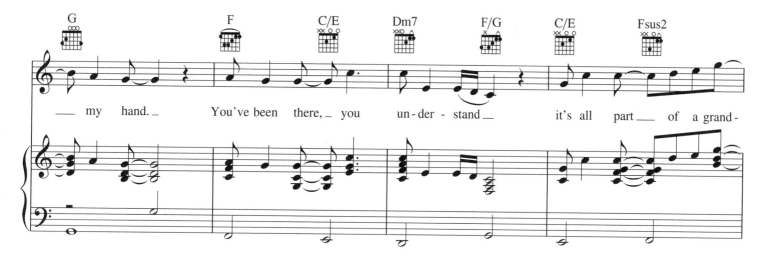

__ my hand. _ You've been there, _ you un - der - stand __ it's all part __ of a grand-

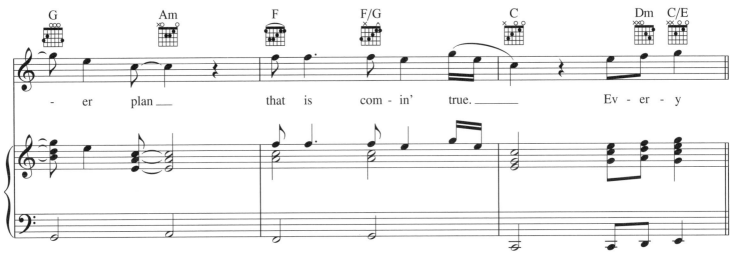

-er plan ___ that is com - in' true. _____ Ev - er - y

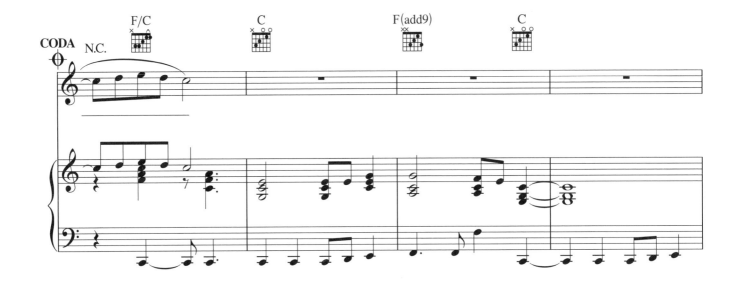

CODA

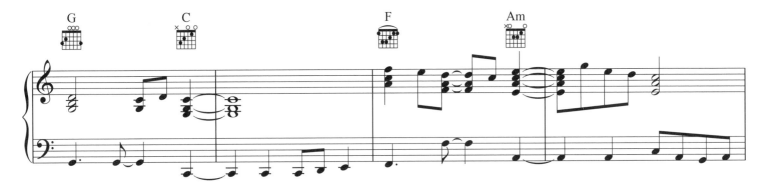

Now I'm just a - roll - in' ___ home _____

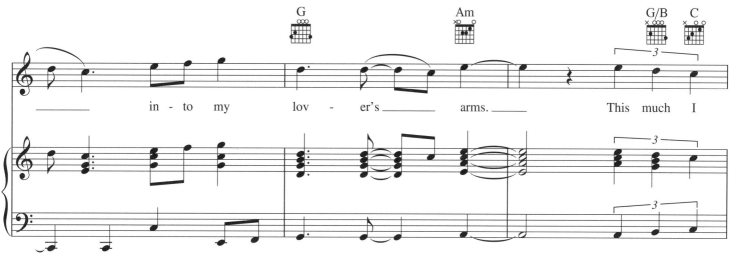

in - to my lov - er's _____ arms. _____ This much I

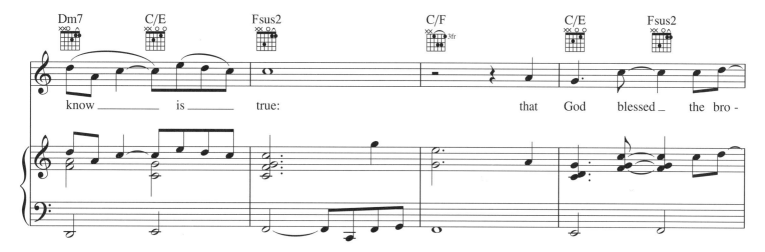

know _____ is _____ true: _____ that God blessed _ the bro -

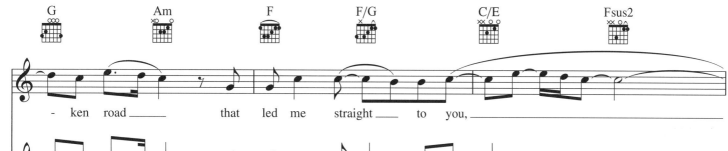

- ken road _____ that led me straight ___ to you, _____

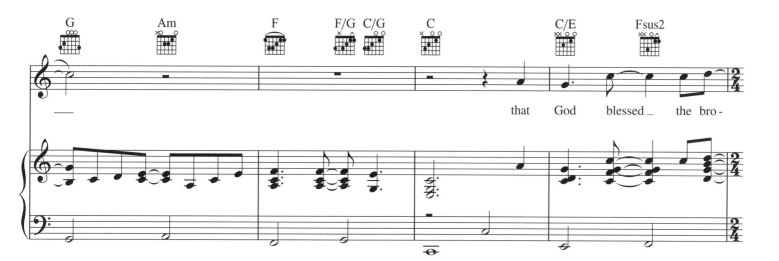

that God blessed _ the bro -

-ken road _____ that led me straight ___

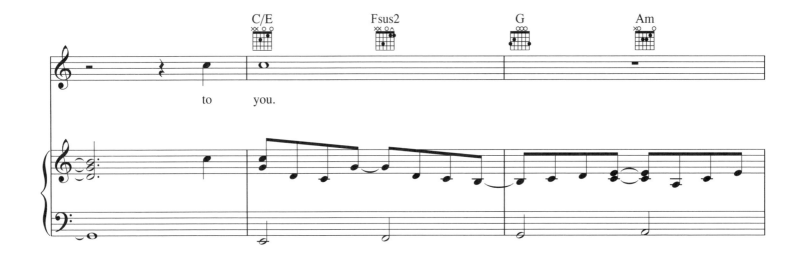

to you.

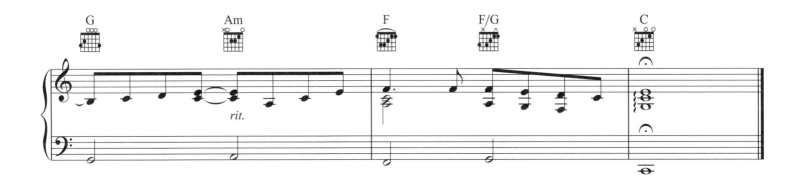

rit.

I MISS MY FRIEND

Words and Music by TOM SHAPIRO,
TONY MARTIN and MARK NESLER

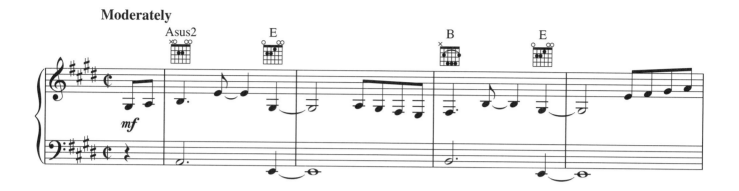

I miss the look ___ of sur - ren - der in ___ your eyes, ___
I miss the col - ors that you brought in - to ___ my life, ___

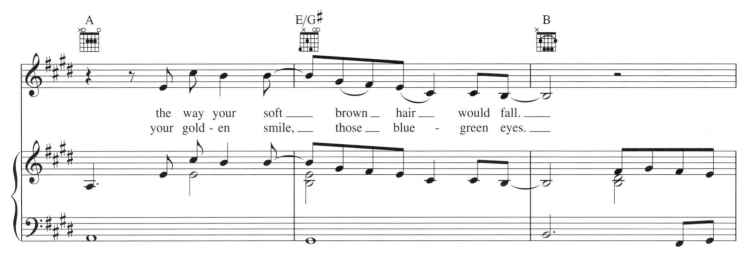

the way your soft ___ brown ___ hair ___ would fall. ___
your gold - en smile, ___ those ___ blue - green eyes. ___

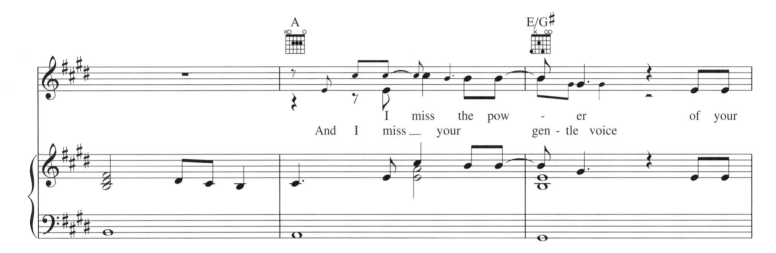

I miss the pow - er of your
And I miss ___ your gen - tle voice

kiss when we ___ made ___ love. ___ Oh, but ba - by, most ___ of all, ___
in lone - ly times like now, ___ say - in' it -'ll be ___ al - right. ___

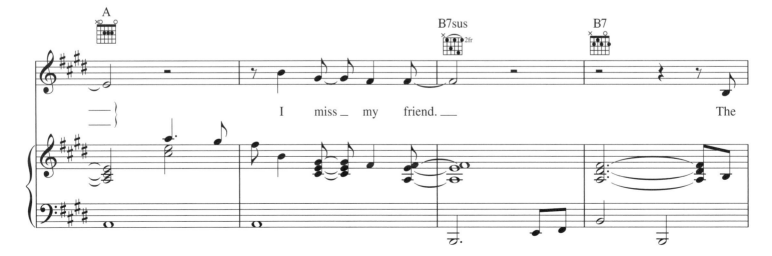

I miss ___ my friend. ___ The

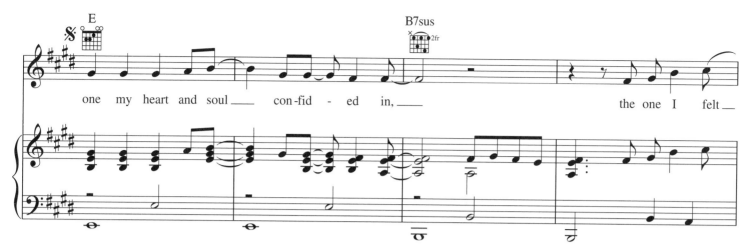

one my heart and soul ___ con-fid - ed in, ___ the one I felt ___

___ the saf - est with. ___ The one who knew ___ just what to say ___

to make me laugh a - gain ___ and let the light back

To Coda

in. ___ I miss ___ my friend. ___

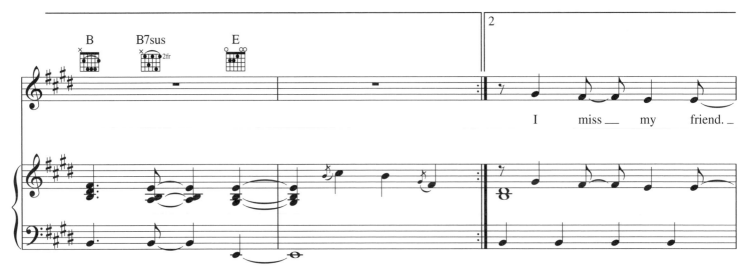

I miss ___ my friend. ___

___ I miss ___ those times, ___ I miss ___ those nights. ___

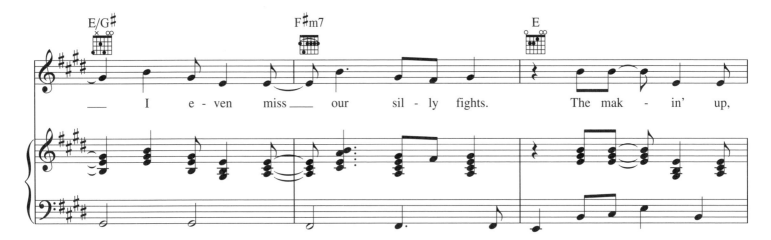

___ I e - ven miss ___ our sil - ly fights. The mak - in' up,

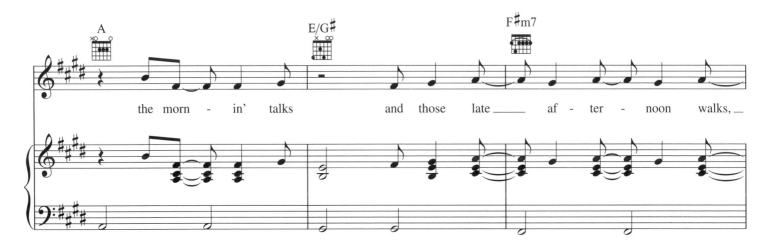

the morn - in' talks and those late ___ af - ter - noon walks, ___

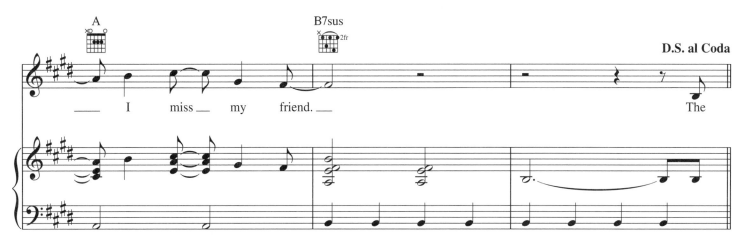

D.S. al Coda

I miss __ my friend. __ The

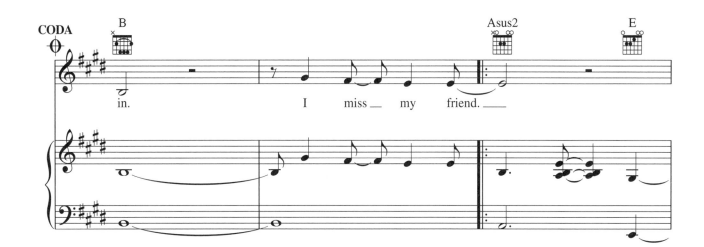

in. I miss __ my friend. __

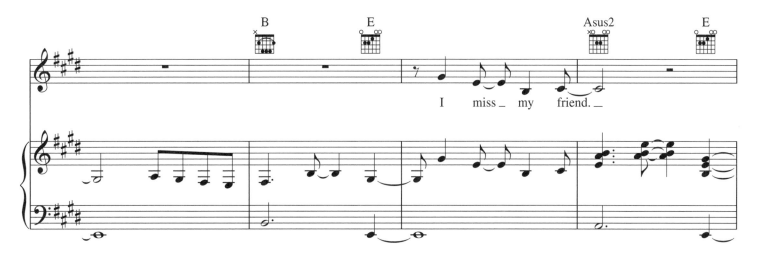

I miss __ my friend. __

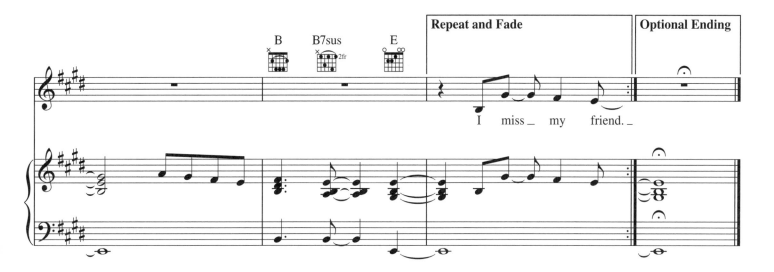

I miss __ my friend. __

BREATHE

Words and Music by HOLLY LAMAR
and STEPHANIE BENTLEY

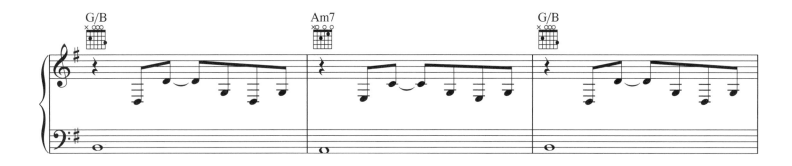

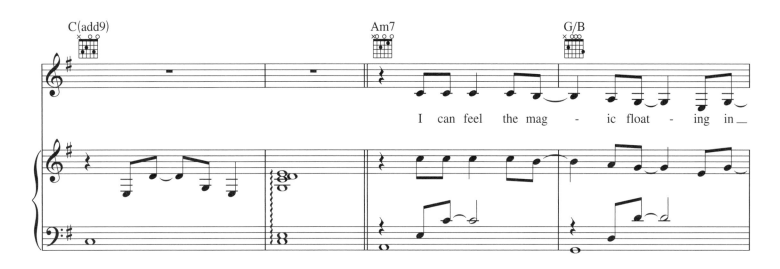

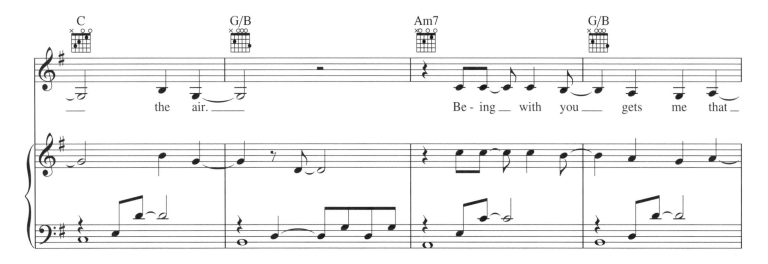

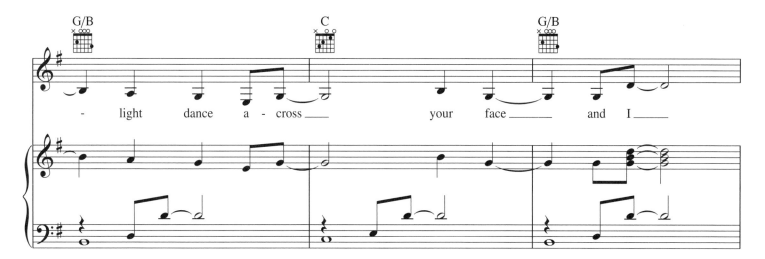

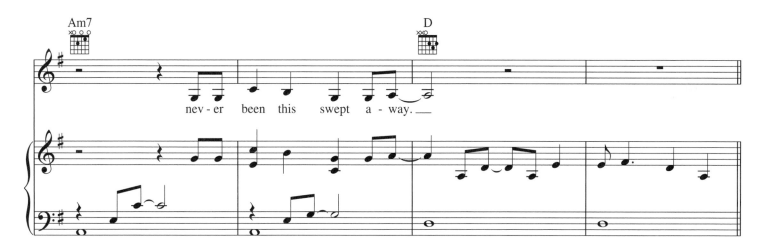

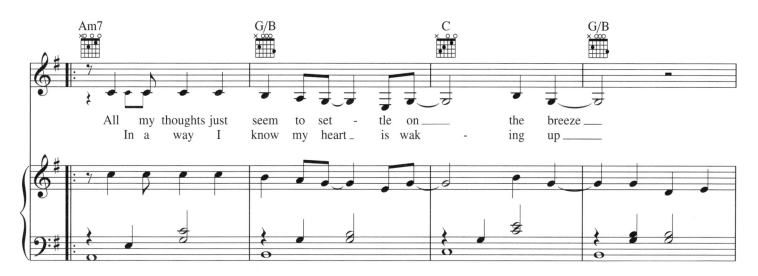

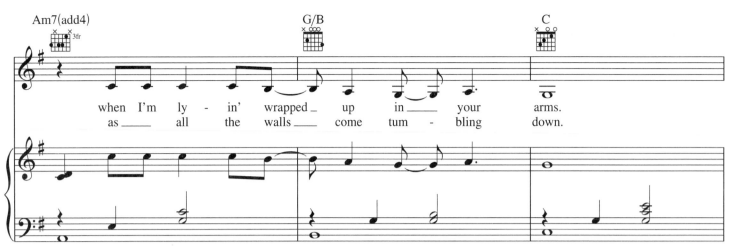

when I'm ly - in' wrapped __ up in ___ your arms.
as ___ all the walls ___ come tum - bling down.

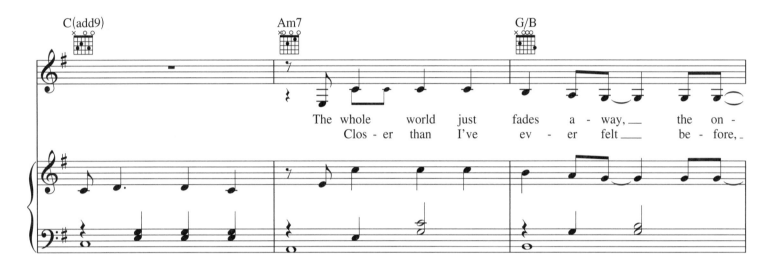

The whole world just fades a - way, __ the on -
Clos - er than I've ev - er felt ___ be - fore, __

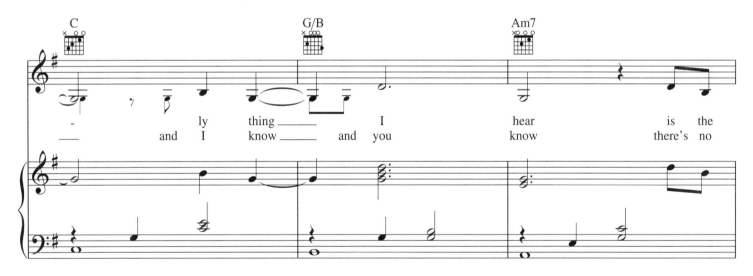

- ly thing ___ I hear is the
___ and I know ___ and you know there's no

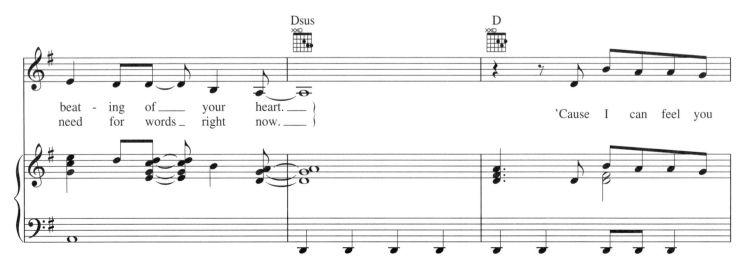

beat - ing of ___ your heart. __)
need for words __ right now. __)   'Cause I can feel you

breathe, it's wash - ing o - ver me, and sud - den - ly I'm melt - ing in - to you.

There's noth - ing left to prove, ba - by, all we need is just __ to be __

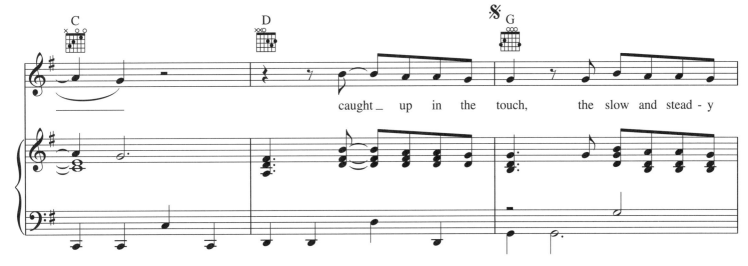

caught __ up in the touch, the slow and stead - y

rush. Ba - by, is - n't that the way __ that love's __ sup - posed _____ to be?

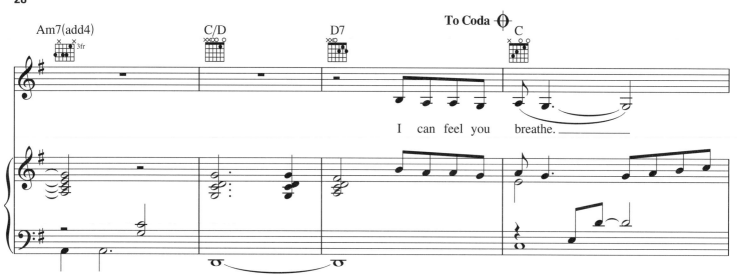

I can feel you breathe.

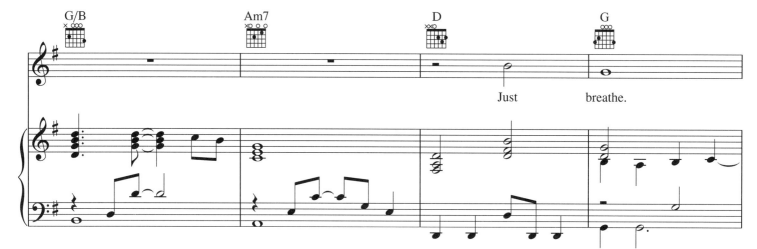

Just breathe.

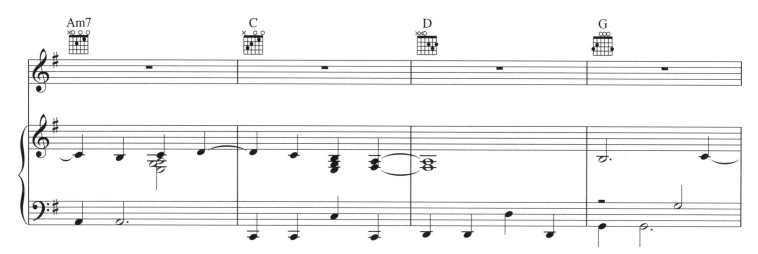

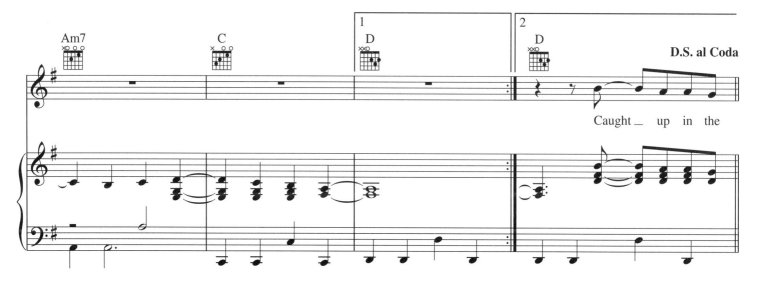

Caught up in the

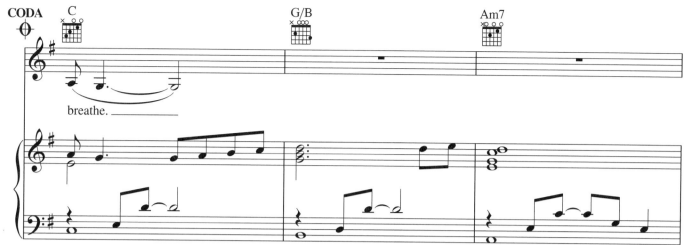

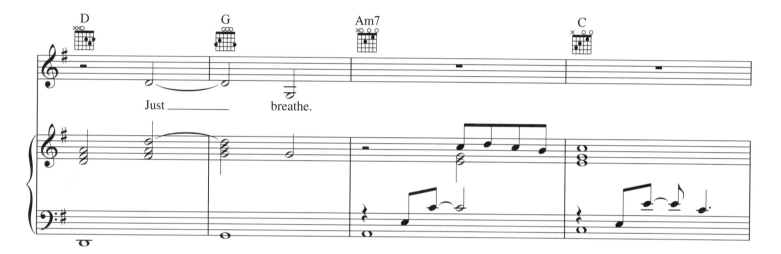

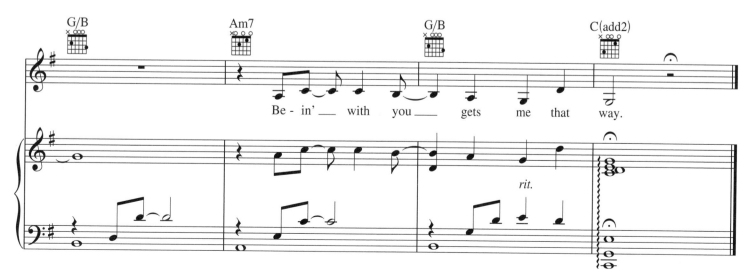

THE GOOD STUFF

Words and Music by CRAIG WISEMAN
and JIM COLLINS

Well, me and my la-dy had our first big fight, _ so I drove a-round till I saw the ne-on lights _ of a cor-ner bar and it just seemed right, _ so I pulled _ up. Not a soul a-round _ but the old _

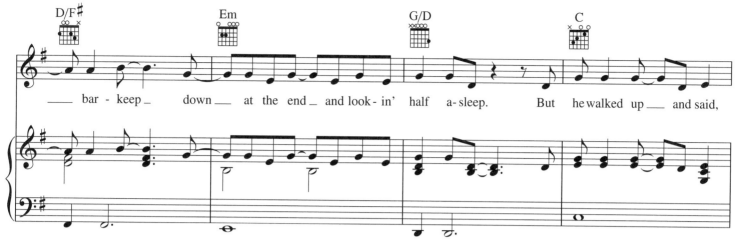

bar - keep down at the end and look - in' half a-sleep. But he walked up and said,

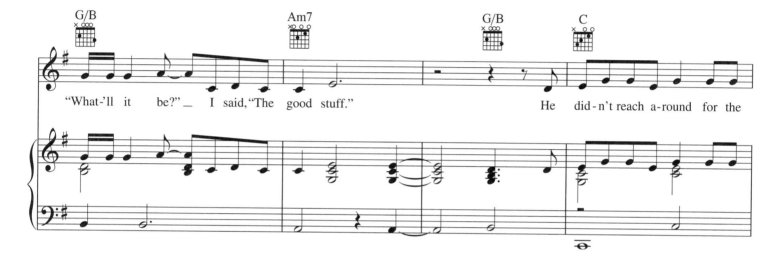

"What-'ll it be?" I said, "The good stuff." He did-n't reach a-round for the

whis-key, he did-n't pour me a beer. His blue eyes kind - a went

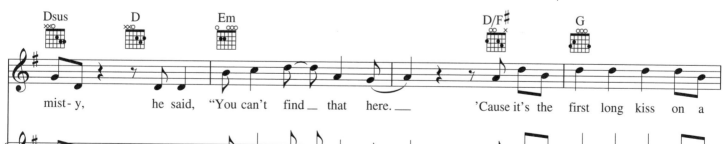

mist-y, he said, "You can't find that here. 'Cause it's the first long kiss on a

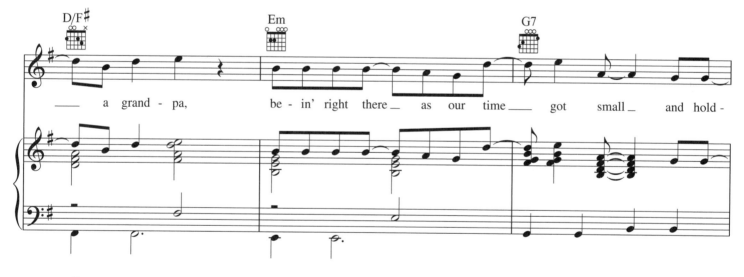

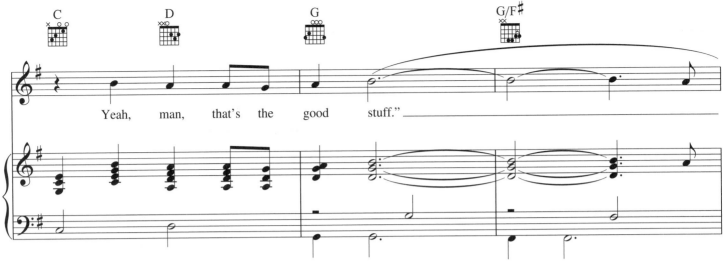

Yeah, man, that's the good stuff."

He said, "When you get home, she'll start

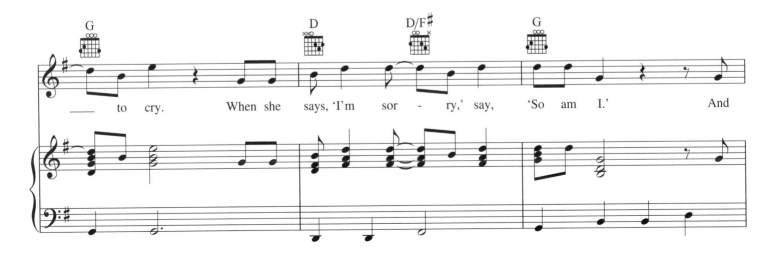

to cry. When she says, 'I'm sor - ry,' say, 'So am I.' And

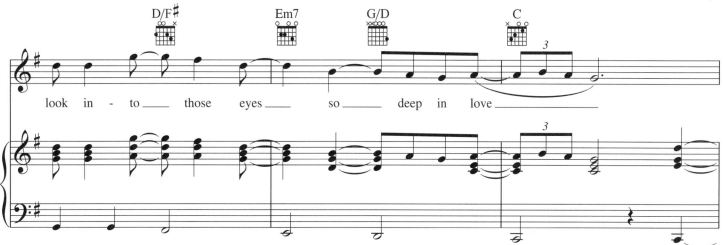

look in-to ___ those eyes ___ so ___ deep in love ___

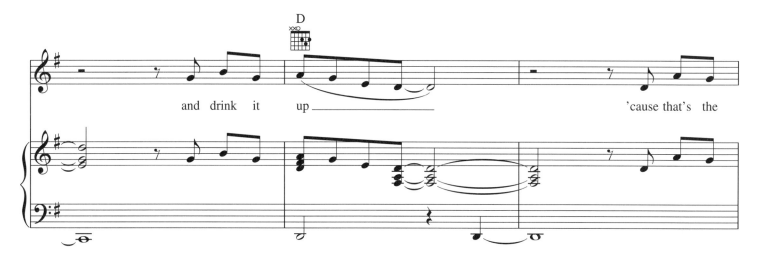

and drink it up ___ 'cause that's the

good stuff, ___ that's the

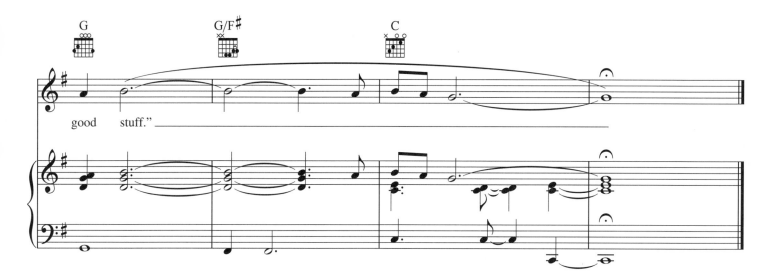

good stuff." ___

HAVE YOU FORGOTTEN?

Words and Music by DARRYL WORLEY
and WYNN VARBLE

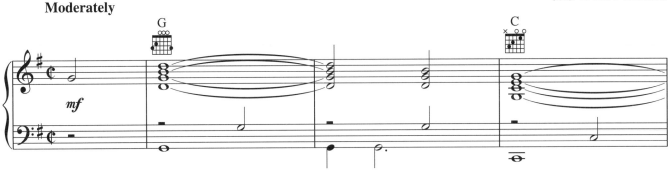

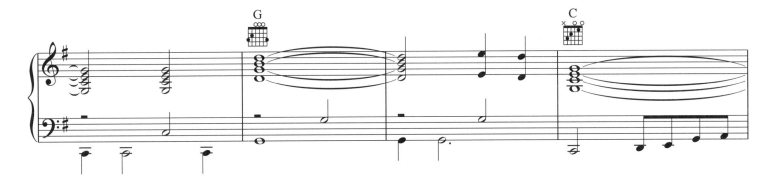

I hear peo-ple say — in'   we don't need this war.
They took all the foot — age   off my T- V.

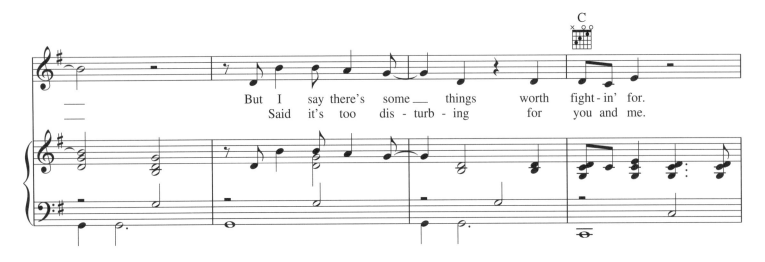

But I say there's some — things worth fight-in' for.
Said it's too dis-turb-ing for you and me.

What a-bout our free - dom and this piece of ground?
It-'ll just breed an - ger, that's what the ex-perts say.

We did-n't get to keep __ 'em by back-in' down.
If it was up to me, __ I'd show it ev-'ry day.

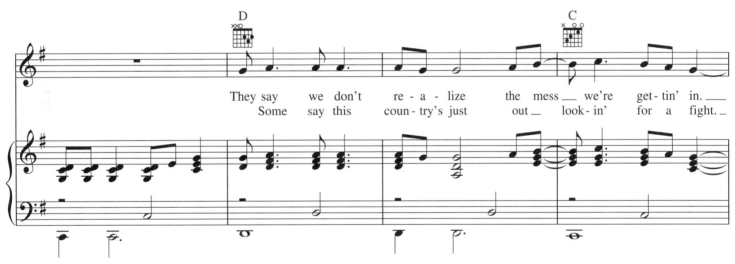

They say we don't re - a - lize the mess __ we're get-tin' in.
Some say this coun-try's just out __ look-in' for a fight.

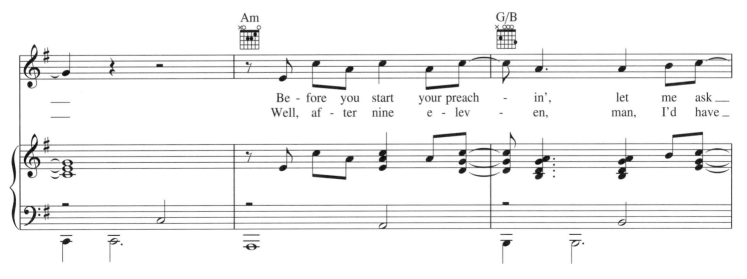

Be - fore you start your preach - in', let me ask __
Well, af - ter nine e - lev - en, man, I'd have __

Play 1st time only

you this, __ my friend: _____
to say __ that's right. _____

Have you for - got - ten

(1.,2.) how it felt __ that day, __ to see your home - land __ un - der fire
(D.S.) - ple killed? __ Yes, some __ went __ down like he -

and her peo - ple blown __ a - way? __ Have you for - got - ten
- roes in that Penn - syl - va - nia field. __ Have you for - got - ten

when those tow - ers fell? _____ We had neigh - bors still in - side,
a - bout our Pen - ta - gon? All the loved __ ones that we lost __

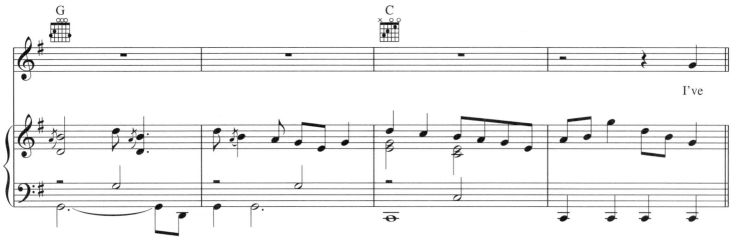

I've

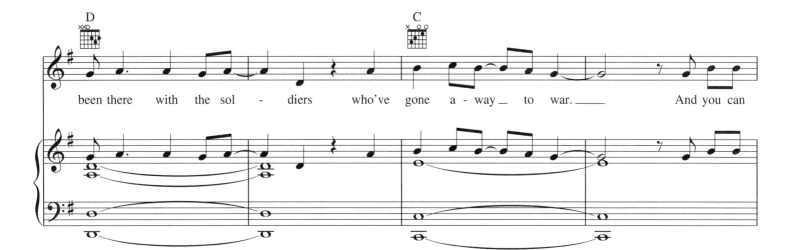

been there with the sol - diers who've gone a - way __ to war. ___ And you can

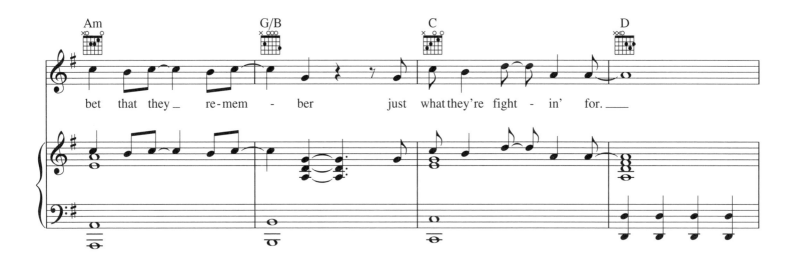

bet that they __ re-mem - ber just what they're fight - in' for. ___

D.S. al Coda

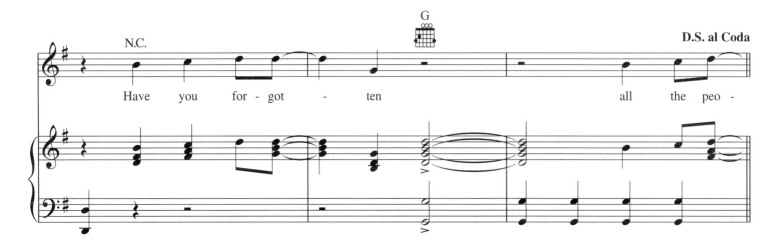

Have you for-got - ten all the peo -

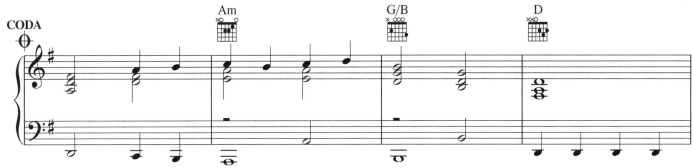

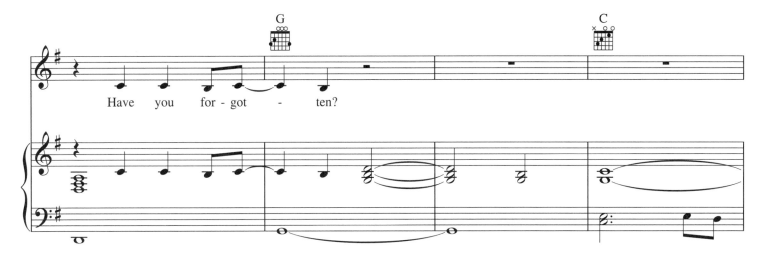

Have you for - got - ten?

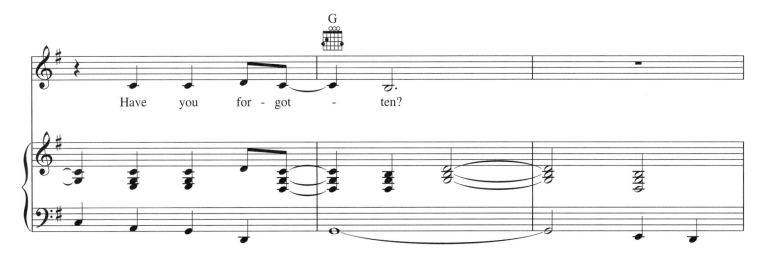

Have you for - got - ten?

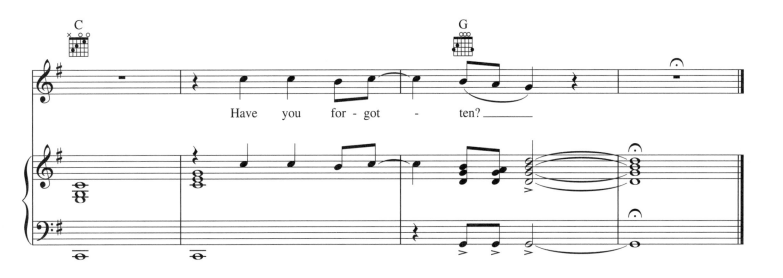

Have you for - got - ten? _____

I HOPE YOU DANCE

Words and Music by TIA SILLERS
and MARK D. SANDERS

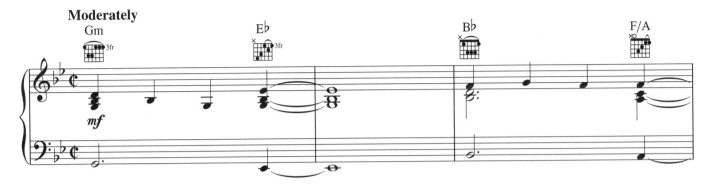

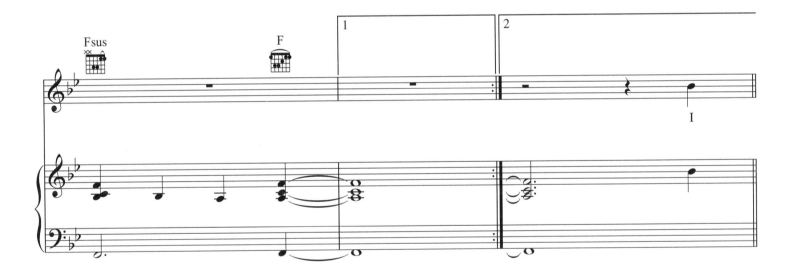

hope you nev - er lose _____ your sense of won - der.
nev - er fear _____ those _____ moun - tains in the dis - tance.

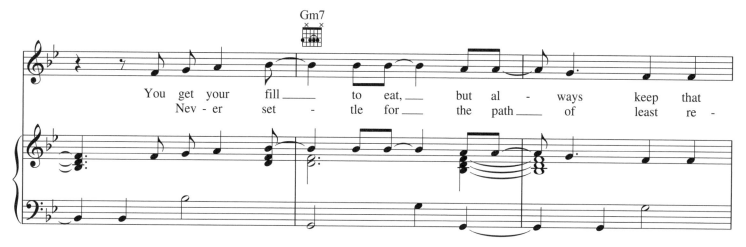

You get your fill ____ to eat, ___ but al - ways keep that
Nev - er set - tle for ___ the path ___ of least re -

hun - ger. May you nev - er take ___ one
sist - ance. Liv - in' might mean tak - in'

sin - gle breath ___ for grant - ed.
chanc - es if they're worth tak - in'.
God for - bid ___
Lov - in' might ___

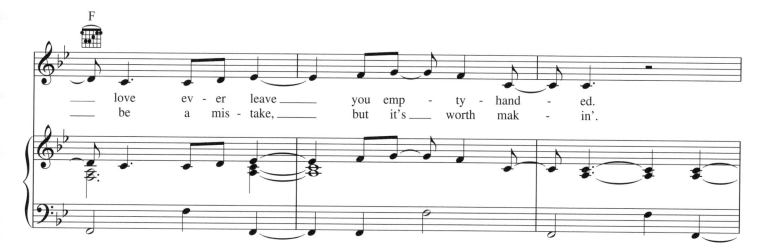

___ love ev - er leave _____ you emp - ty - hand - ed.
___ be a mis - take, _____ but it's ___ worth mak - in'.

I hope you still _____ feel small _____ when you stand be - side _____ the
Don't let _____ some hell - bent _____ heart leave _____ you

o - cean.
bit - ter.

When - ev - er one _____ door clos - es, I _____
When you come close _____ to sell - in' out, _____

_____ hope one more o - pens.
_____ re - con - sid - er.

Prom - ise me
Give the heav -

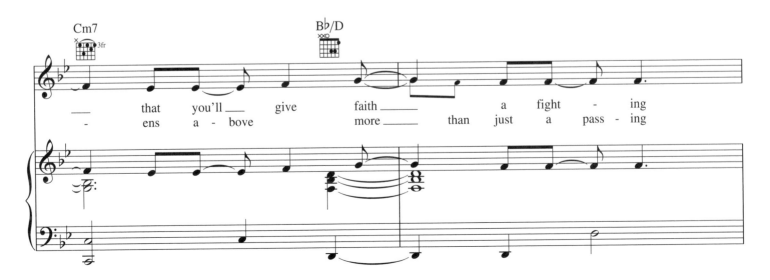

_____ that you'll _____ give faith _____ a fight - ing
- ens a - bove more _____ than just a pass - ing

chance.}
glance.}

And when you get the choice to

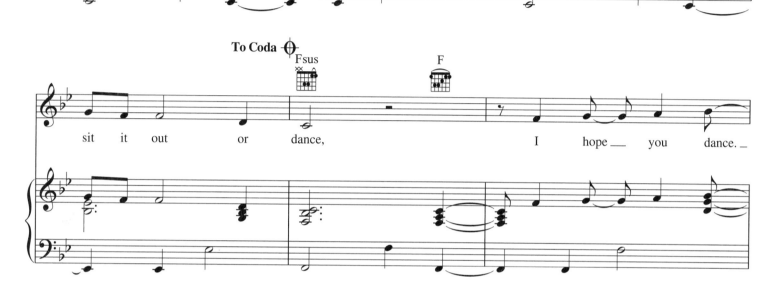

sit it out or dance, I hope ___ you dance. ___

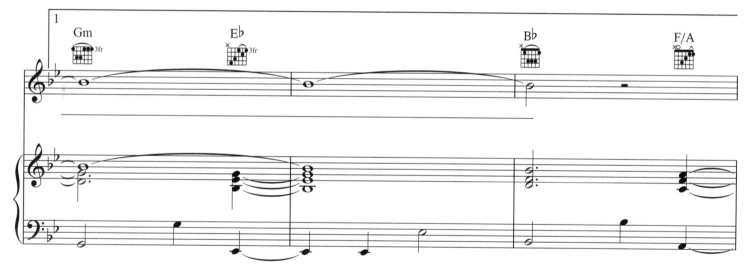

I hope ___ you dance. _____

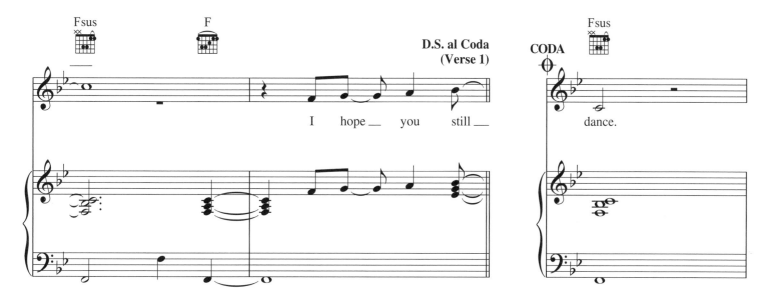

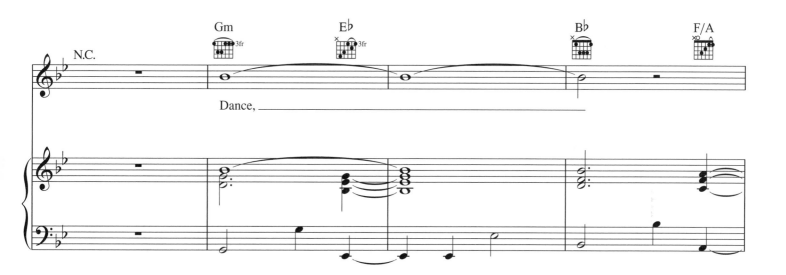

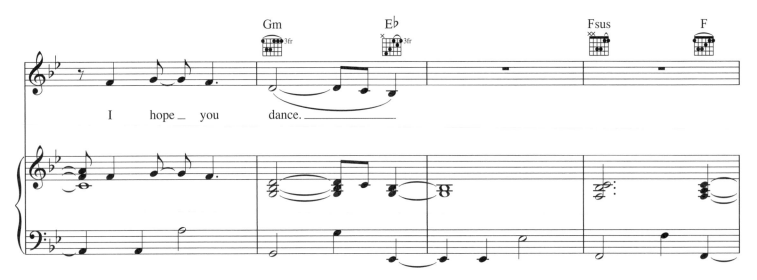

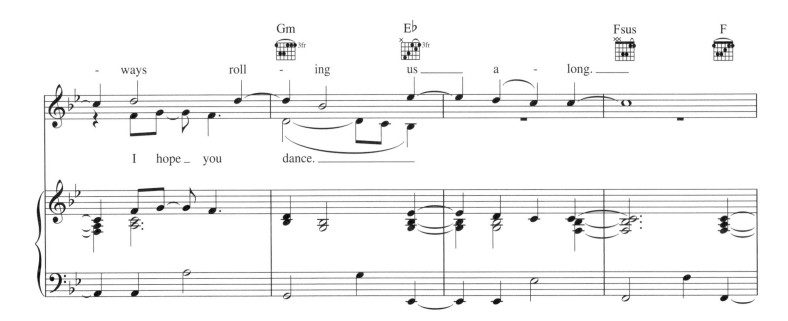

Tell me, who wants to look back on their youth and won -

I hope __ you dance, _____

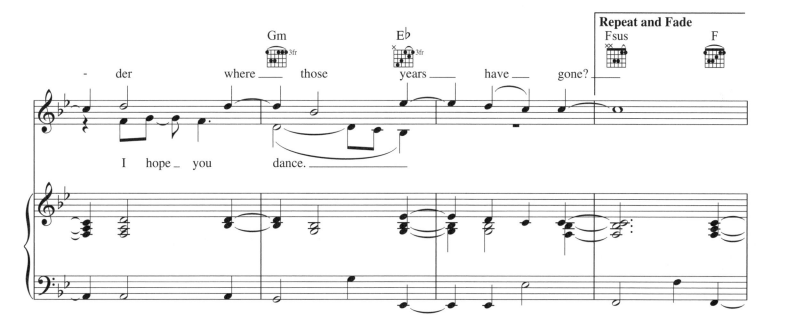

Repeat and Fade

- der where __ those years __ have __ gone? __

I hope __ you dance. _____

Optional Ending

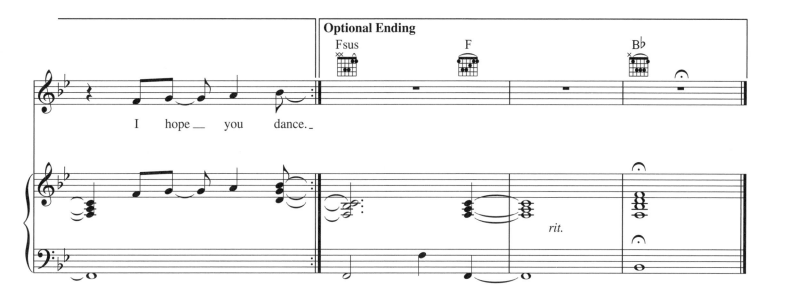

I hope __ you dance. _

rit.

I'M ALREADY THERE

Words and Music by GARY BAKER,
FRANK MYERS and RICHIE McDONALD

Gently

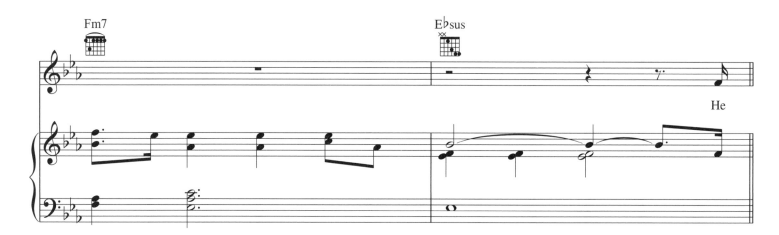

He

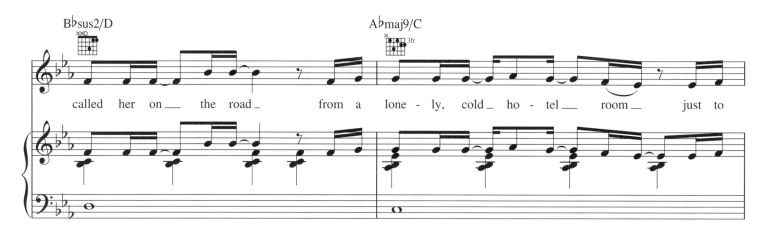

called her on the road from a lone-ly, cold ho-tel room just to

hear her say "I love you" one more time. And

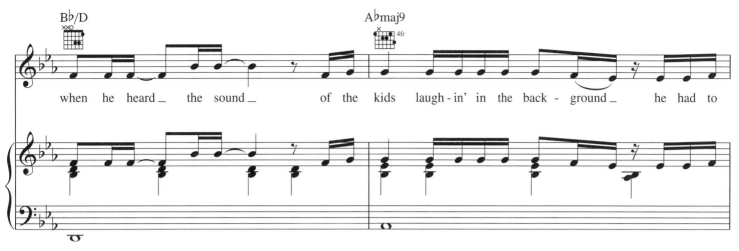

when he heard___ the sound___ of the kids laugh - in' in the back - ground___ he had to

wipe a - way___ a tear___ from___ his___ eye.___ A lit - tle

voice came on the phone and said, "Dad - dy, when you com - in' home?" He said the

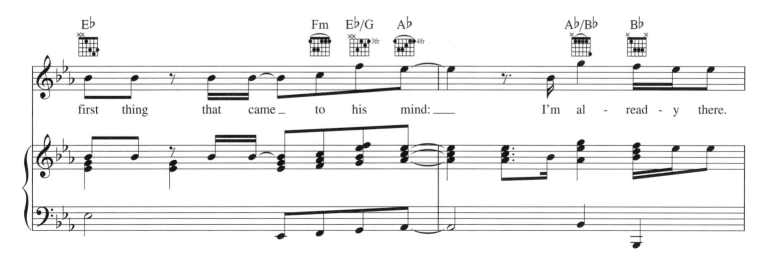

first thing that came___ to his mind:___ I'm al - read - y there.

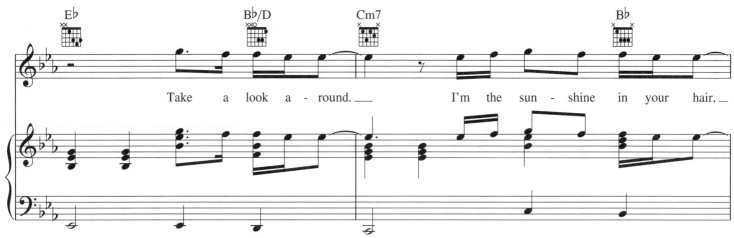

Take a look a-round. ___ I'm the sun-shine in your hair, ___

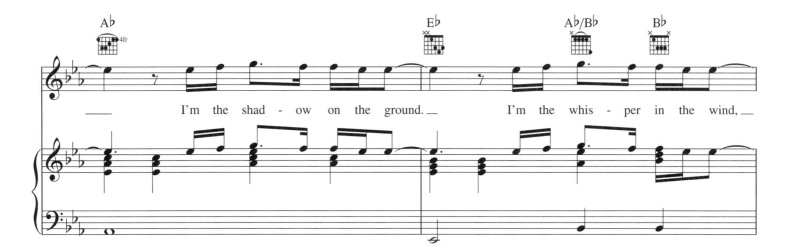

___ I'm the shad-ow on the ground. ___ I'm the whis-per in the wind, ___

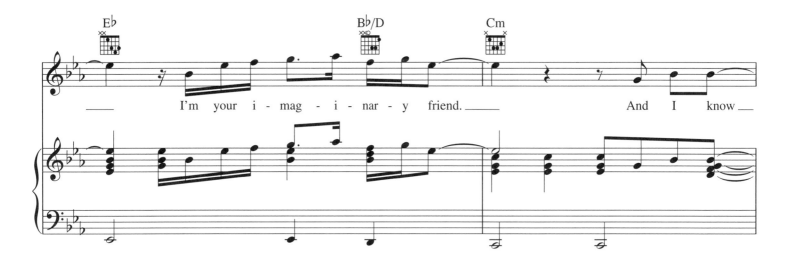

___ I'm your i-mag-i-nar-y friend. ___ And I know ___

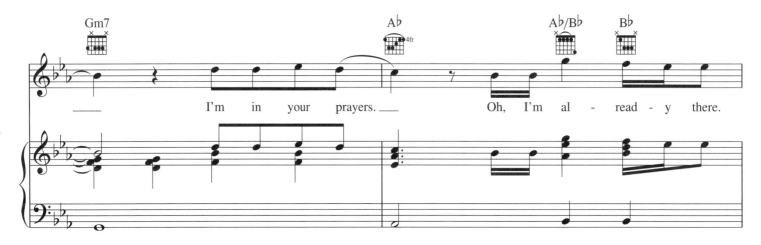

___ I'm in your prayers. ___ Oh, I'm al-read-y there.

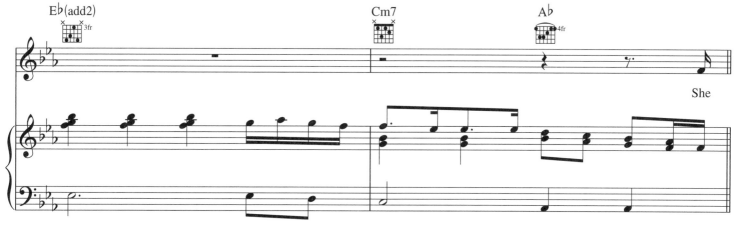

She

got back on __ the phone __ said, "I real - ly miss __ you, dar - lin'. __ Don't __

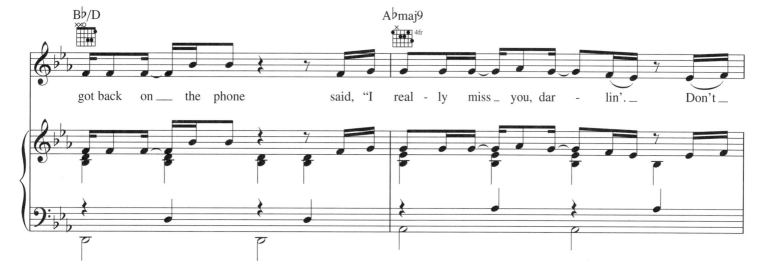

wor - ry a - bout __ the kids; __ they'll be __ al - right. __

I wish

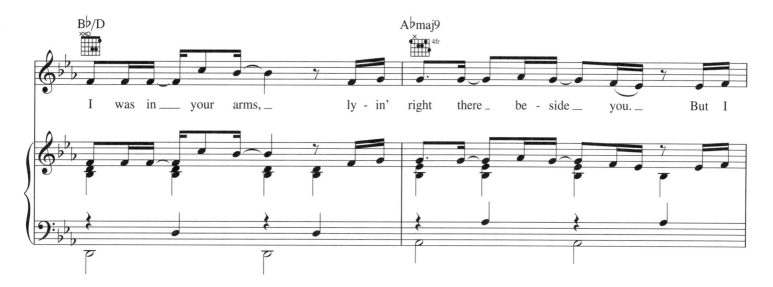

I was in __ your arms, __ ly - in' right there __ be - side __ you. __ But I

know that I'll __ be in your dreams __ to - night. __ And I'll

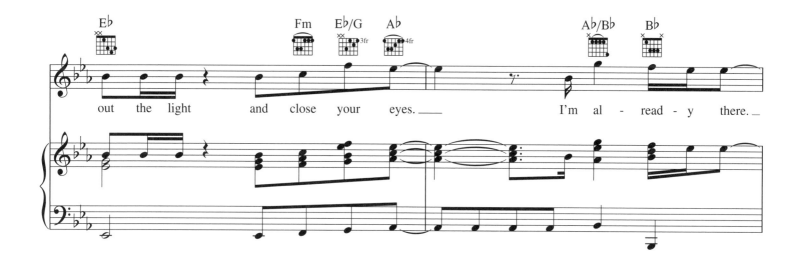

gen - tly kiss your lips, __ touch you with my fin - ger - tips. __ So, turn

out the light and close your eyes. __ I'm al - read - y there. __

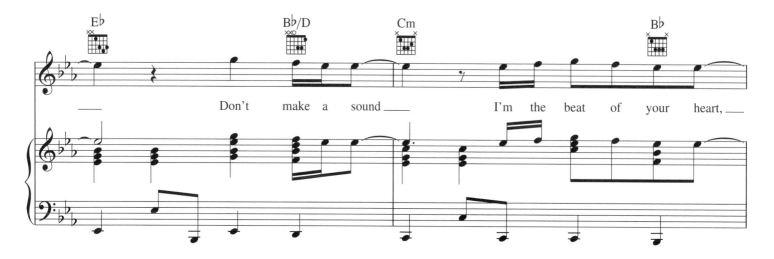

__ Don't make a sound __ I'm the beat of your heart, __

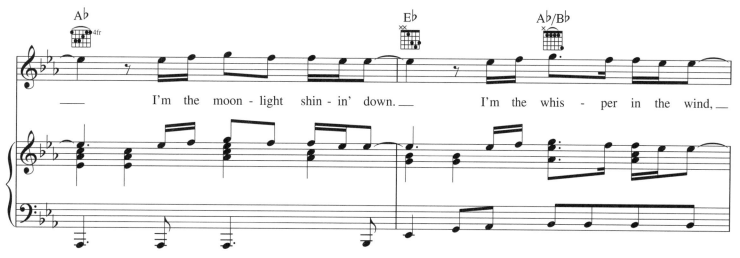

I'm the moon-light shin-in' down. ___ I'm the whis-per in the wind, ___

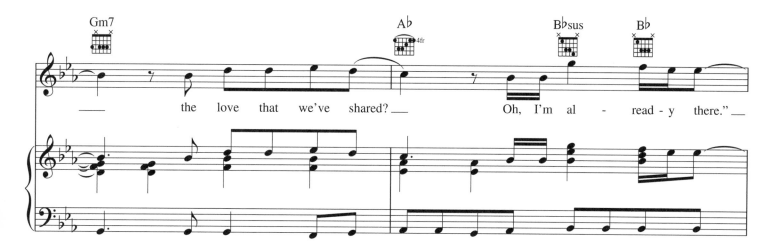

___ and I'll be there till the end. ___ Can you feel ___

___ the love that we've shared? ___ Oh, I'm al - read - y there." ___

We may be a thou -

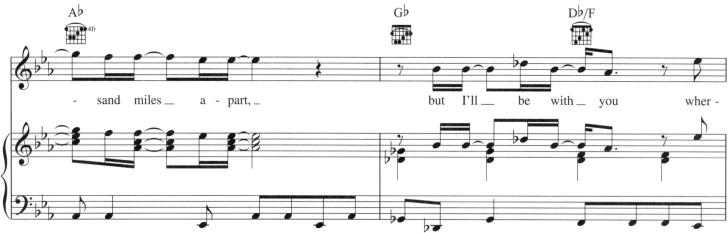

- sand miles __ a - part, __ but I'll __ be with __ you wher -

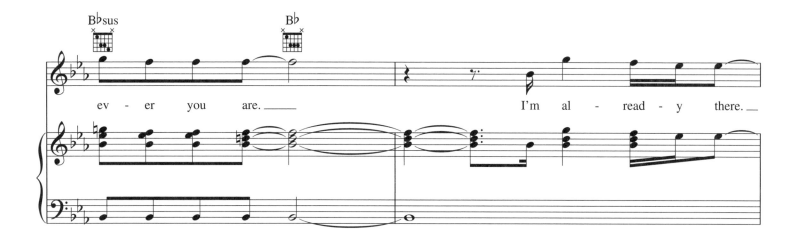

ev - er you are. ____ I'm al - read - y there. __

____ Take a look a - round. __ I'm the sun - shine in your hair, __

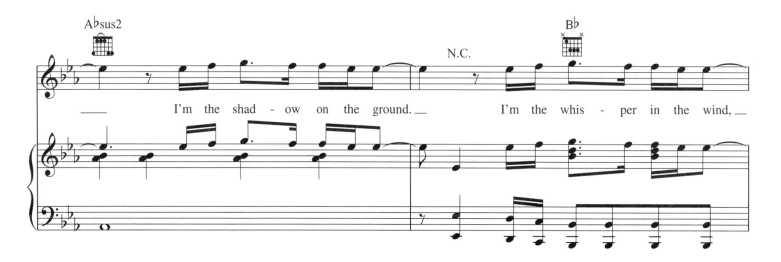

____ I'm the shad - ow on the ground. __ I'm the whis - per in the wind, __

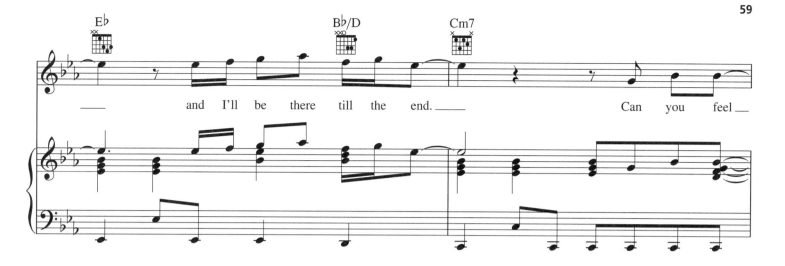

and I'll be there till the end._____ Can you feel ___

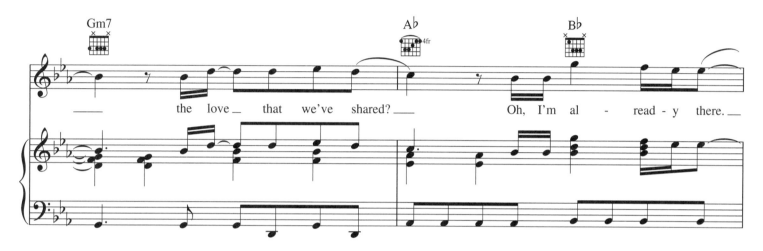

___ the love ___ that we've shared? ___ Oh, I'm al - read - y there. __

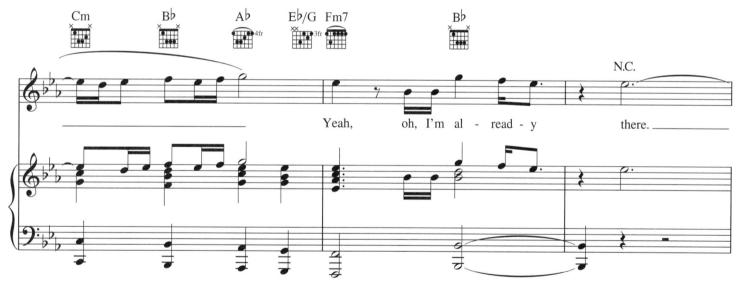

_____ Yeah, oh, I'm al - read - y there. _____

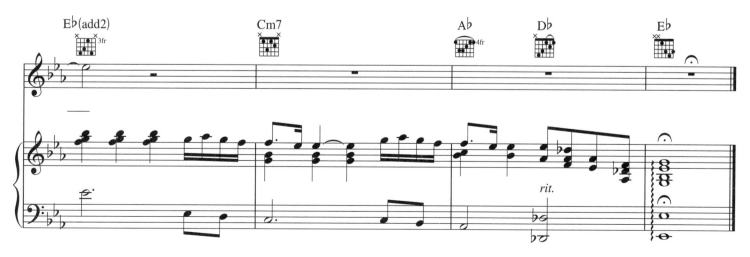

IT HAPPENS

Words and Music by KRISTIAN BUSH,
BOBBY PINSON and JENNIFER NETTLES

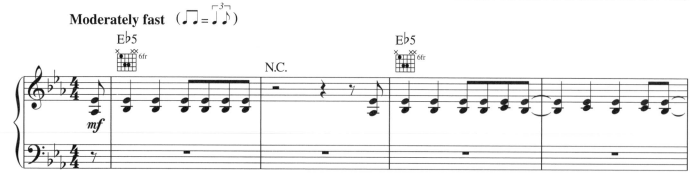

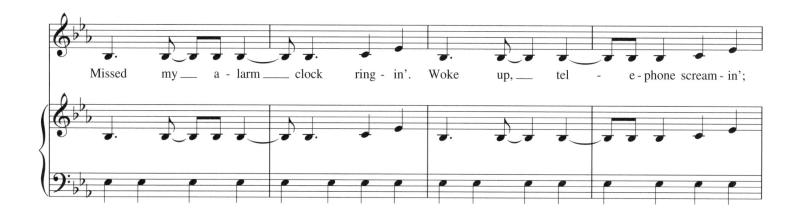

Missed my a-larm clock ring-in'. Woke up, tel-e-phone scream-in';

boss man sing-in' his same ol' song. ___

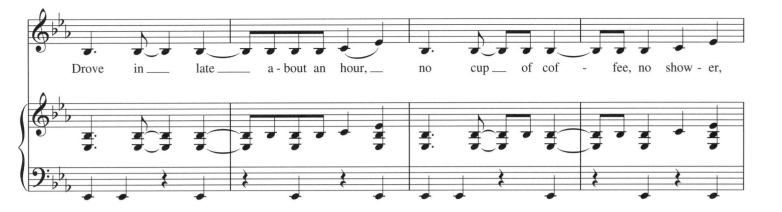

Drove in ___ late ___ a-bout an hour, ___ no cup ___ of cof - fee, no show-er,

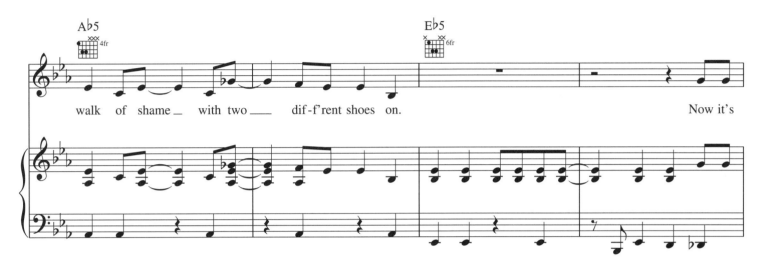

Ab5   Eb5

walk of shame ___ with two ___ dif-f'rent shoes on.   Now it's

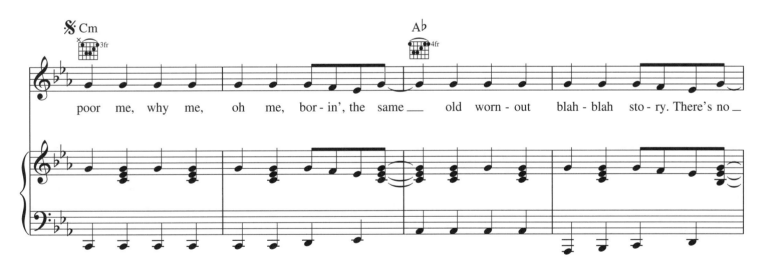

Cm   Ab

poor me, why me, oh me, bor-in', the same ___ old worn-out blah-blah sto-ry. There's no ___

Eb   Bb

___ good ex-pla-na-tion for it at all. ___

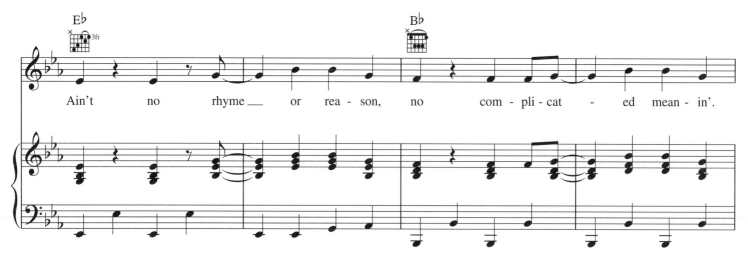

Ain't no rhyme ___ or rea- son, no com- pli- cat- ed mean- in'.

Ain't no need ___ to o- ver- think it. Let go, laugh- in'.

Life don't go quite ___ like you planned it. We try so hard ___

___ to un- der- stand it. The ir- re- fut- a- ble, in- dis- put- a- ble

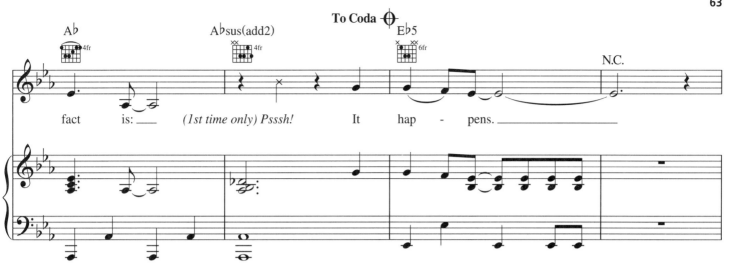

fact is: ___ *(1st time only) Psssh!* It hap - pens. _____

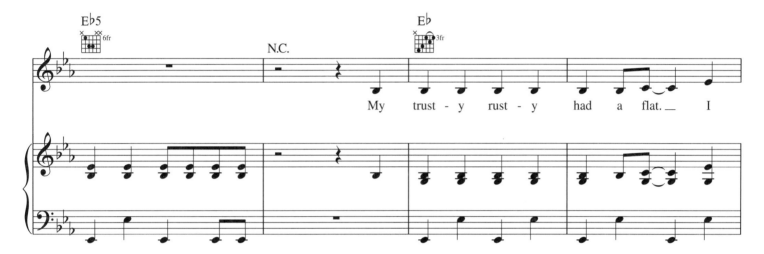

My trust - y rust - y had a flat. ___ I

bor - rowed my neigh - bor's Cad - il - lac, ___ "I'll be ___ right back; ___ go -

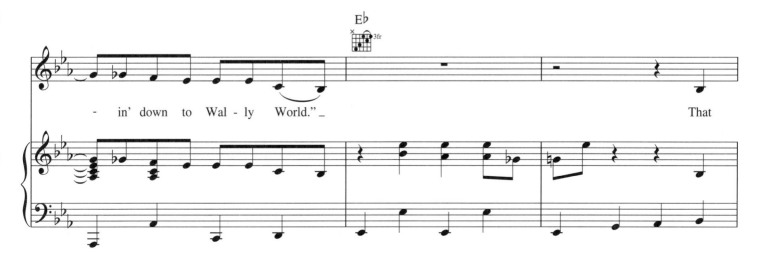

- in' down to Wal - ly World." ___ That

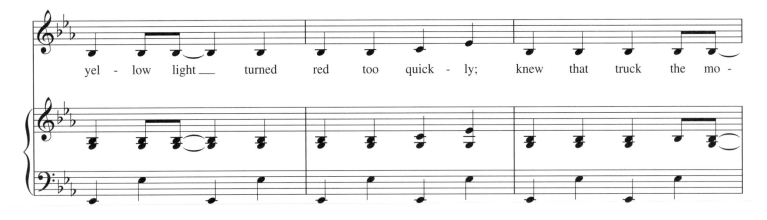

yel - low light ___ turned red too quick - ly; knew that truck the mo -

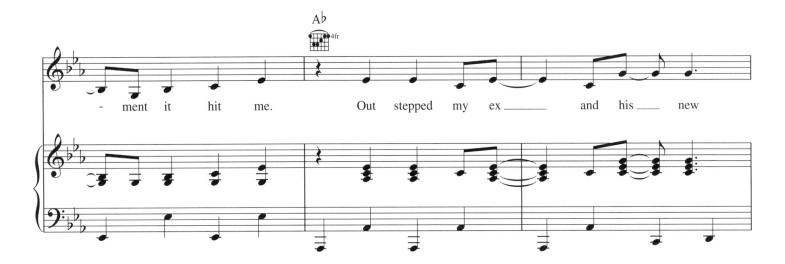

Ab

\- ment it hit me. Out stepped my ex ___ and his ___ new

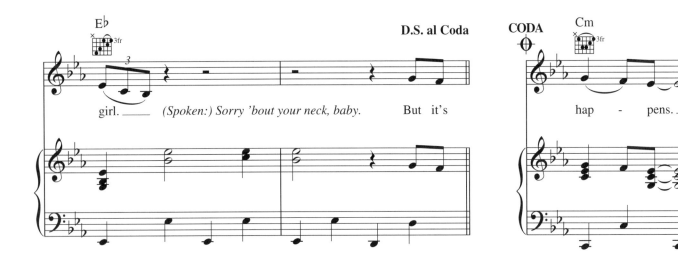

Eb

D.S. al Coda

CODA Cm

girl. ___ *(Spoken:) Sorry 'bout your neck, baby.* But it's

hap - pens. ___

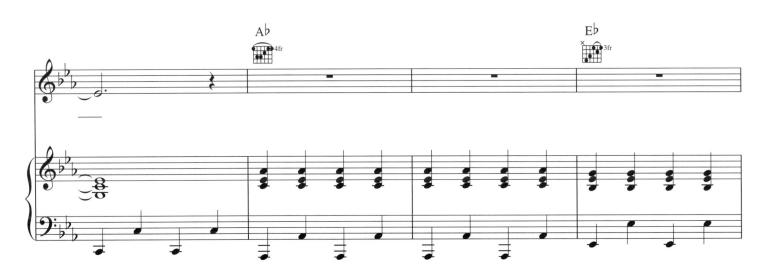

Ab

Eb

in - dis - put - a - ble fact is, ___ yeah, ___ the ___ ir - re - fut - a - ble,

in - dis - put - a - ble, ab - so - lut - a - ble, to - tal - ly beau - ti - ful fact is: ___

Psssh! It hap - pens. ___

IT'S AMERICA

Words and Music by BRETT JAMES
and ANGELO PETRAGLIA

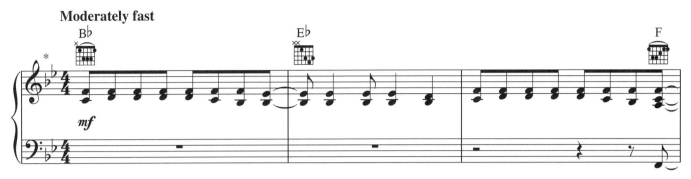

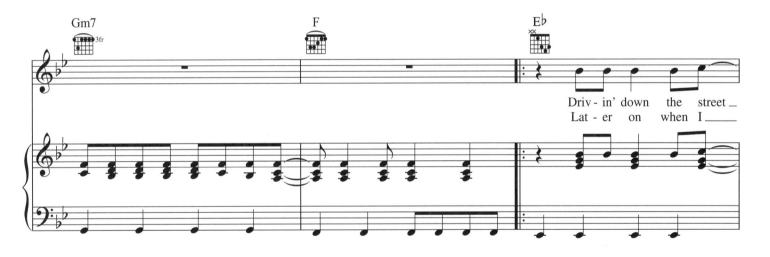

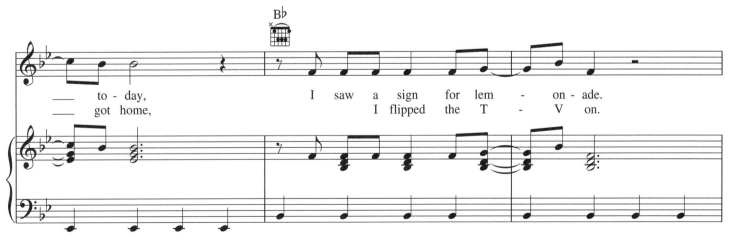

*Recorded a half step lower.

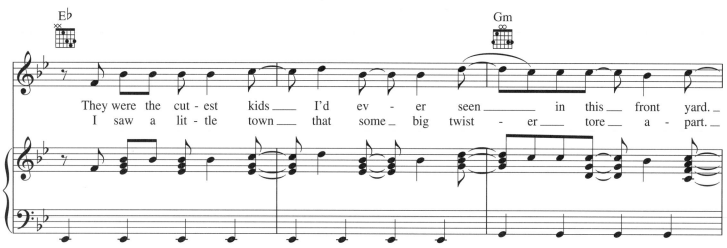

They were the cut-est kids ___ I'd ev - er seen ___ in this ___ front yard. ___
I saw a lit-tle town ___ that some big twist - er ___ tore ___ a - part. ___

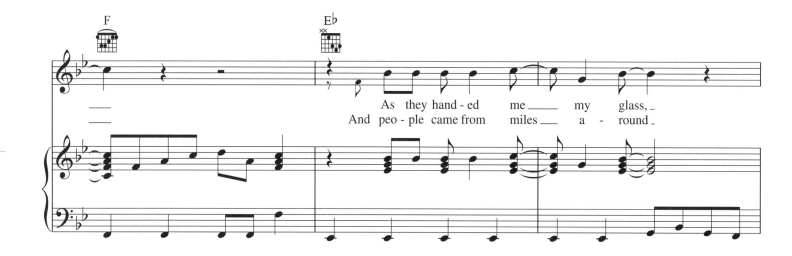

___ As they hand-ed me ___ my glass, ___
And peo-ple came from miles ___ a - round ___

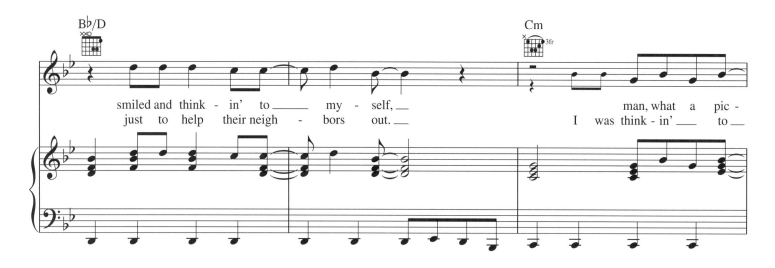

smiled and think - in' to ___ my - self, ___ man, what a pic -
just to help their neigh - bors out. ___ I was think - in' ___ to ___

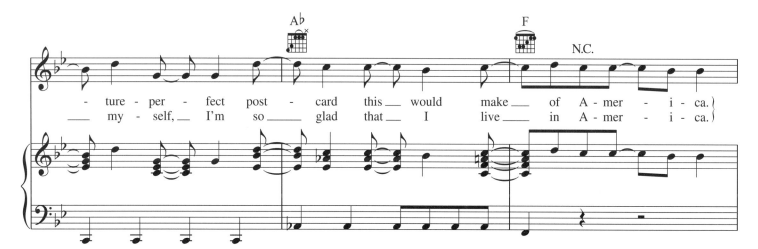

-ture - per - fect post - card this ___ would make ___ of A - mer - i - ca.
my - self, ___ I'm so ___ glad that ___ I live ___ in A - mer - i - ca.

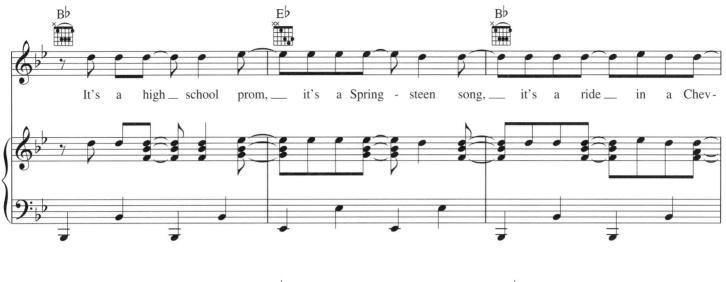

It's a high school prom, __ it's a Spring-steen song, __ it's a ride __ in a Chev-

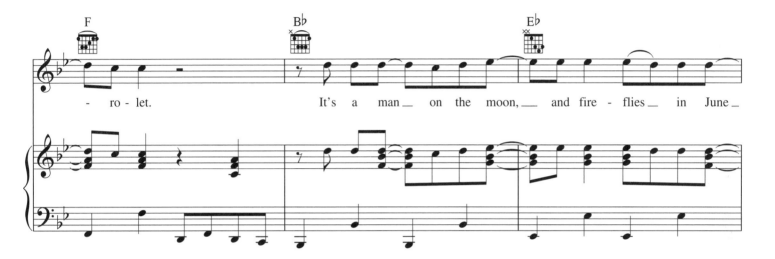

-ro-let. It's a man __ on the moon, __ and fire-flies __ in June __

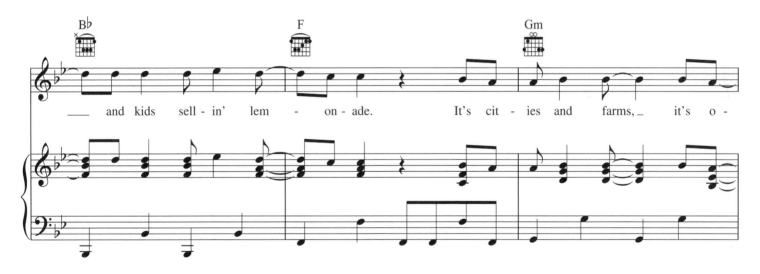

__ and kids sell-in' lem - on - ade. It's cit - ies and farms, __ it's o-

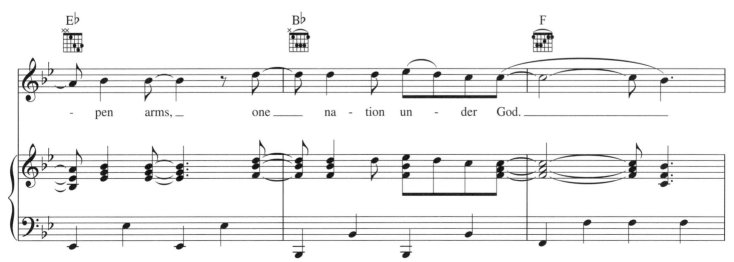

-pen arms, __ one __ na - tion un - der God. _____

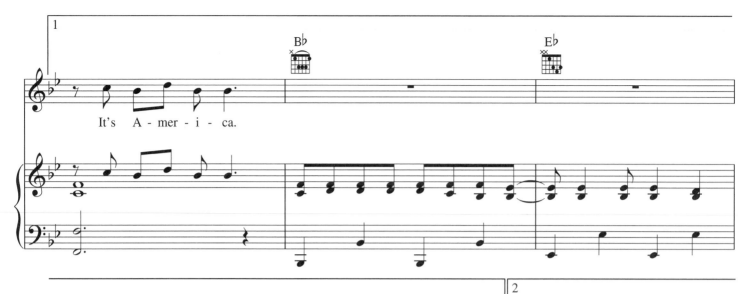

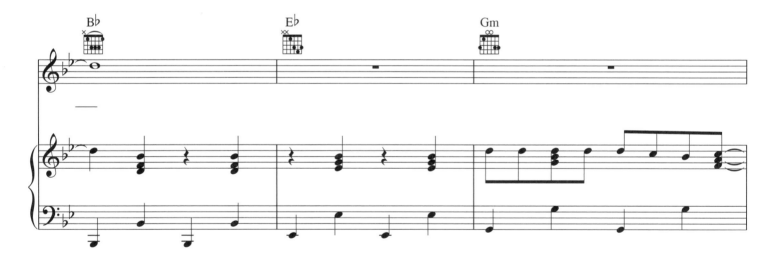

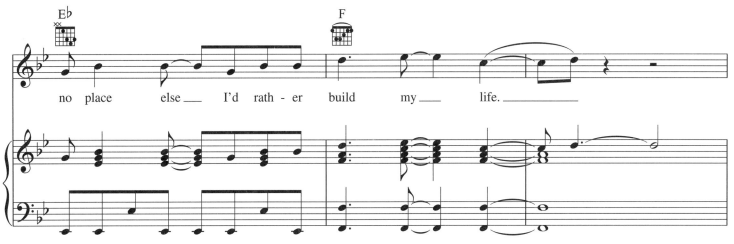

no place else___ I'd rath-er build my___ life.___

'Cause it's a kid with a chance,___ it's a rock and roll band,___ it's a farm-er cut-

-tin' hay. It's a big___ flag fly-in' in the sum-mer wind___

___ o-ver a fall-en he-ro's grave.___

It's a high school prom, __ it's a Spring-steen song, __ it's a wel - come home __

__ pa - rade. __ It's a man __ on the moon, __ and fire - flies __ in June __

__ and kids sell - in' lem - on - ade. It's cit - ies and farms, __ it's o -

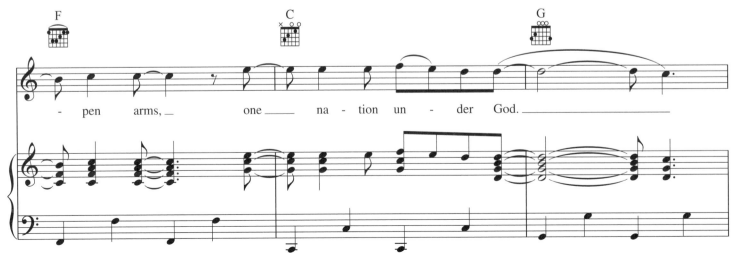

- pen arms, __ one __ na - tion un - der God. ____

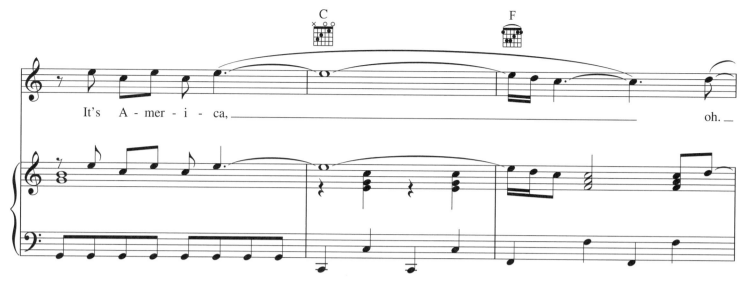

It's A - mer - i - ca, _____ oh. ___

It's A - mer - i - ca. _____

IT'S FIVE O'CLOCK SOMEWHERE

Words and Music by JIM BROWN
and DON ROLLINS

sun is hot ___ and that ___ old clock ___ is mov - in' slow and
this lunch break ___ is gon - na take ___ all af - ter - noon and

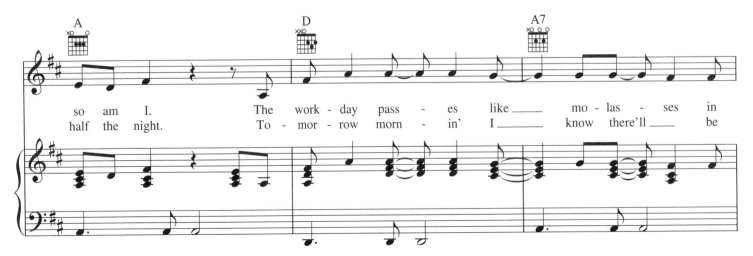

so am I. The work - day pass - es like ___ mo - las - ses in
half the night. To - mor - row morn - in' I ___ know there'll ___ be

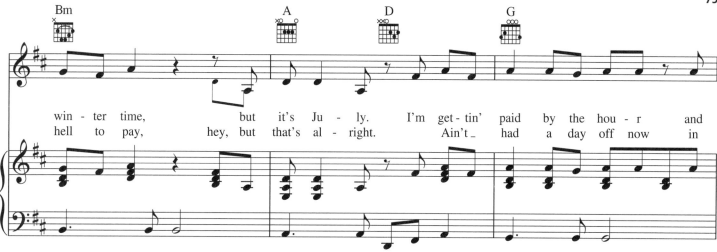

win - ter time, but it's Ju - ly. I'm get - tin' paid by the hou - r and
hell to pay, hey, but that's al - right. Ain't _ had a day off now in

old - er by the min - ute. My boss just pushed _ me o - ver the lim - it. I'd like to
o - ver a year. My Ja - mai - can va - ca - tion's gon - na start right here. If the

call him some - thin', I think I'll just call it a day. _ }
phone's for me, you can tell 'em I've just sailed a - way. _ }

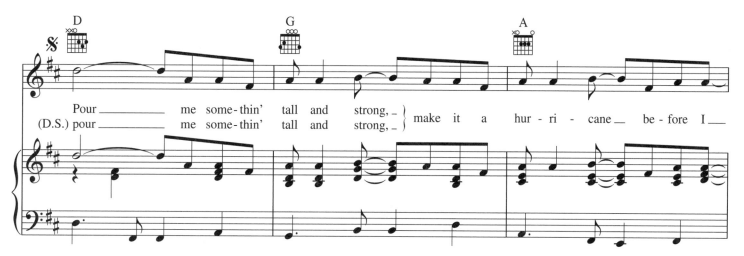

Pour _____ me some - thin' tall and strong, _ } make it a hur - ri - cane _ be - fore I _
(D.S.) pour _____ me some - thin' tall and strong, _ }

_____ go in-sane. It's on-ly half_____ past twelve,_____ but I don't care._____

To Coda ⊕ | **1** |
N.C.
It's five_____ o'-clock some-where.

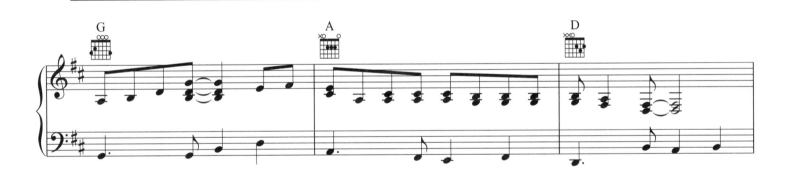

2
Well, it's five_____ o'-clock some-where.

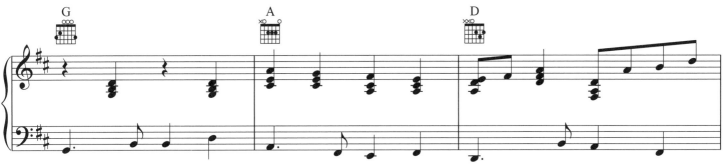

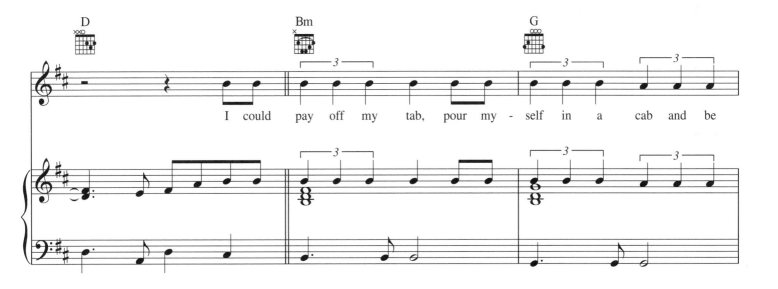

I could pay off my tab, pour my-self in a cab and be

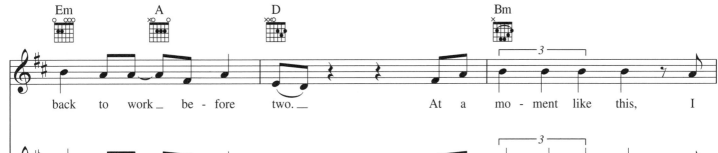

back to work __ be-fore two. __ At a mo-ment like this, I

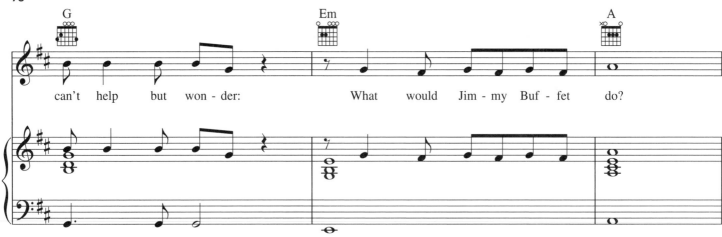

can't help but won-der: What would Jim-my Buf-fet do?

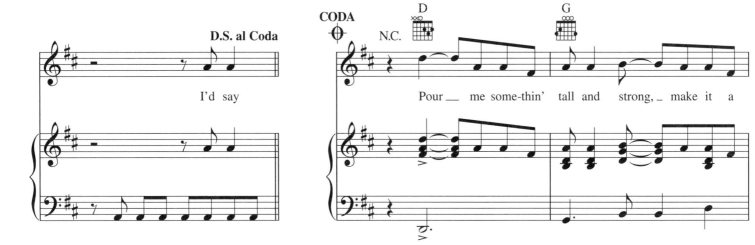

D.S. al Coda

I'd say

CODA

N.C.

Pour __ me some-thin' tall and strong, __ make it a

hur - ri - cane __ be-fore I ___ go in-sane. It's on-ly half __ past twelve, __

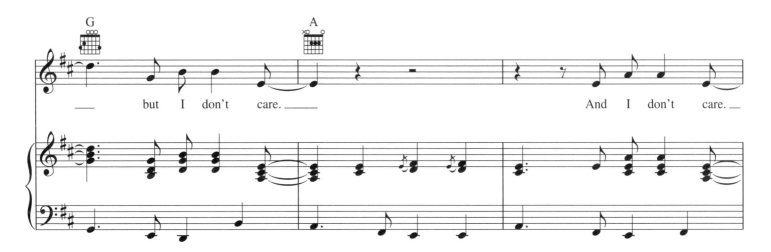

__ but I don't care. ___ And I don't care. __

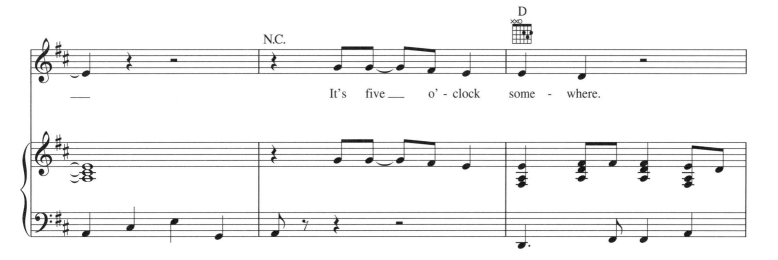

It's five ___ o' - clock some - where.

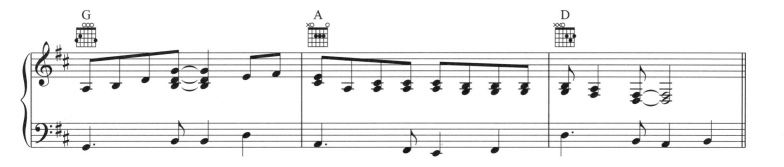

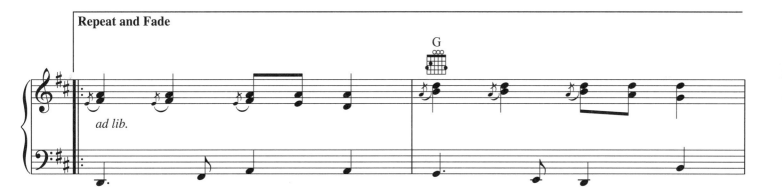

Repeat and Fade

ad lib.

Optional Ending

JESUS TAKE THE WHEEL

Words and Music by BRETT JAMES,
GORDIE SAMPSON and HILLARY LINDSEY

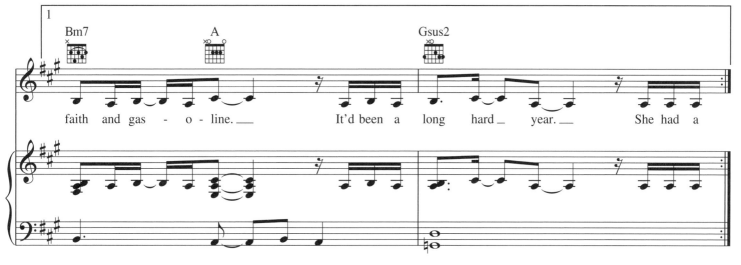

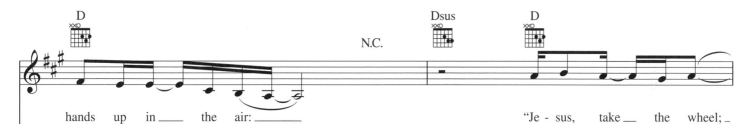

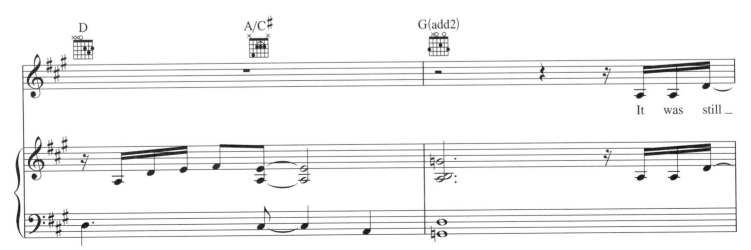

now on, ___ to - night, _____ Je - sus, take ___ the wheel; ___

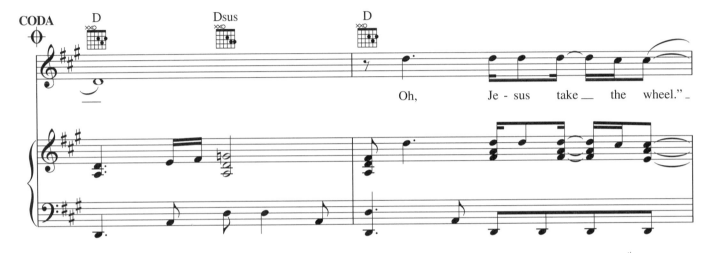

Oh, ___ Je - sus take ___ the wheel." ___

"Oh, ___ I'm a - let - ting go; _____ so give me one ___ more _____

LIVE LIKE YOU WERE DYING

Words and Music by CRAIG WISEMAN
and TIM J. NICHOLS

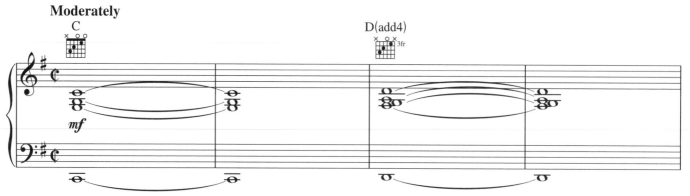

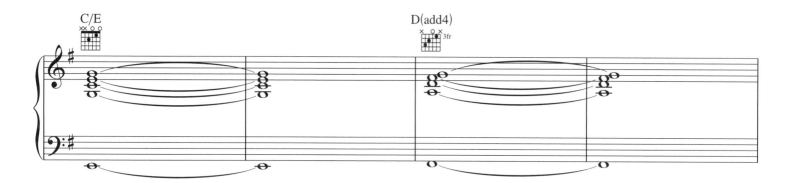

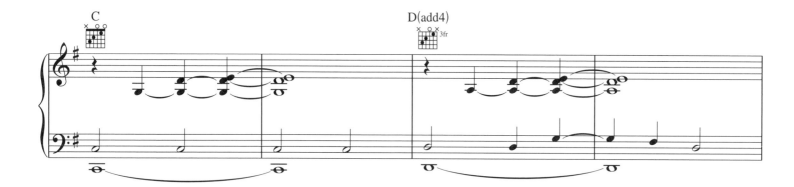

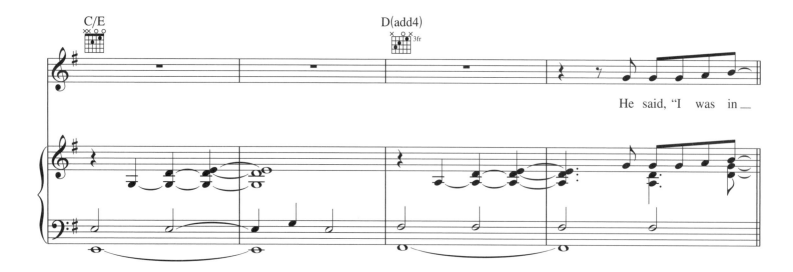

He said, "I was in ___

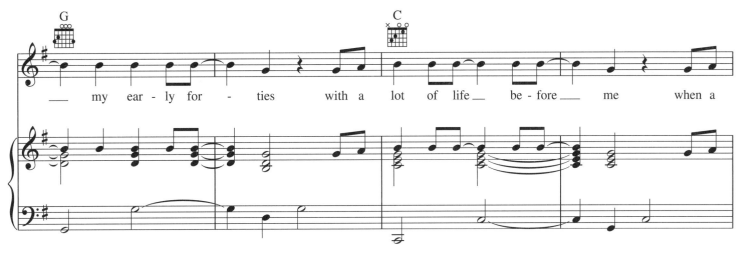

my ear-ly for-ties with a lot of life __ be-fore __ me when a

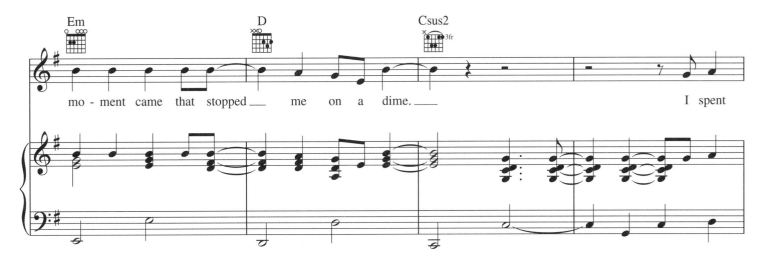

mo-ment came that stopped __ me on a dime. __ I spent

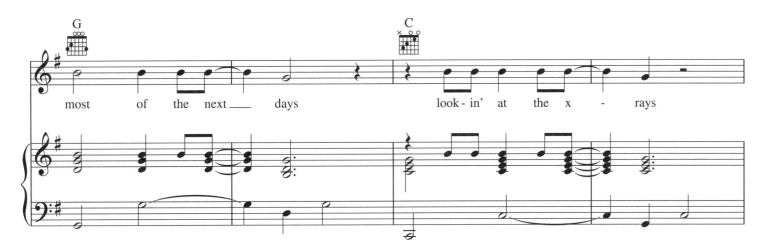

most of the next __ days look-in' at the x - rays

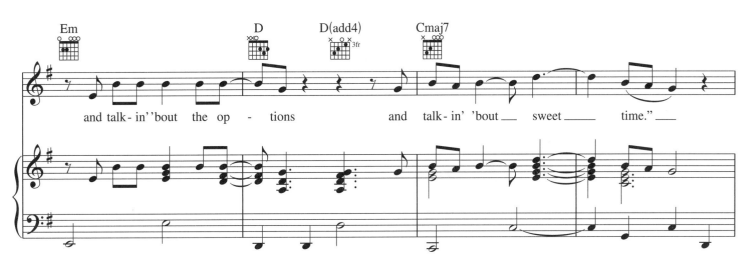

and talk-in' 'bout the op - tions and talk-in' 'bout __ sweet __ time." __

I asked him, when it sank in, ___ if this might real-ly be the real end, how's it

hit you when you get that kind ___ of news? ___ Man, what'd you do?

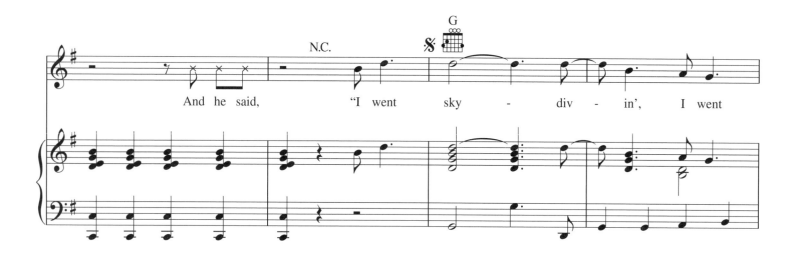

And he said, "I went sky - div - in', I went

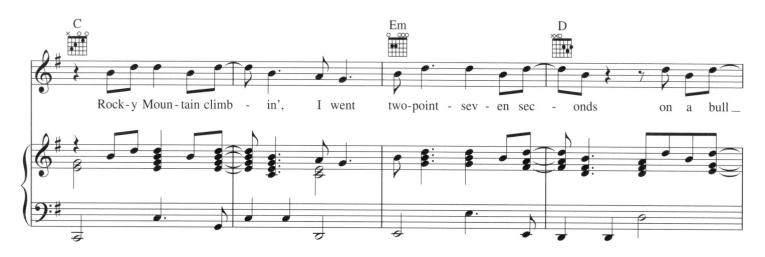

Rock-y Moun-tain climb - in', I went two-point - sev - en sec - onds on a bull ___

_named Fu _ Man - chu. _ And I loved _ deep - er and I

spoke _ sweet - er and I gave for-give - ness I'd _ been de - ny -

- in'." _ And he said, _ "Some - day _ I hope _ you _ get the chance

To Coda

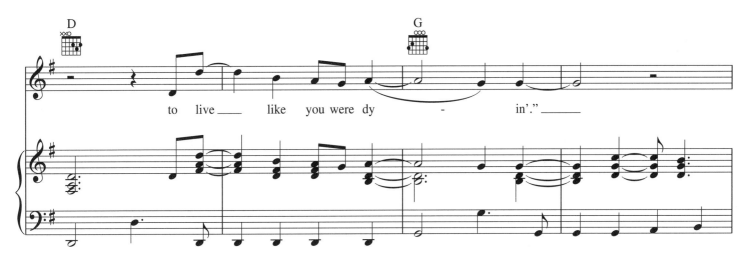

to live _ like you were dy - in'." _____

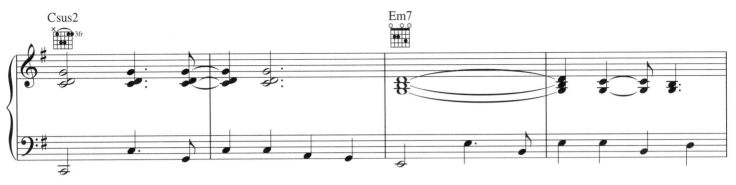

He said, "I was fi - nal - ly ___ the hus - band

that most the time I was -n't and I be - came a friend_ a friend_ would like to have. _

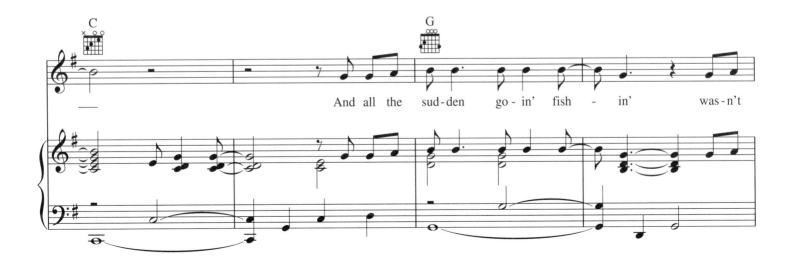

___ And all the sud - den go - in' fish - in' was -n't

such an im-po-si-tion and I went three times that year I lost my

dad. Well, I, I fin-'lly read the Good Book and I

took a good long hard look at what I'd do if I could do it all a-gain.

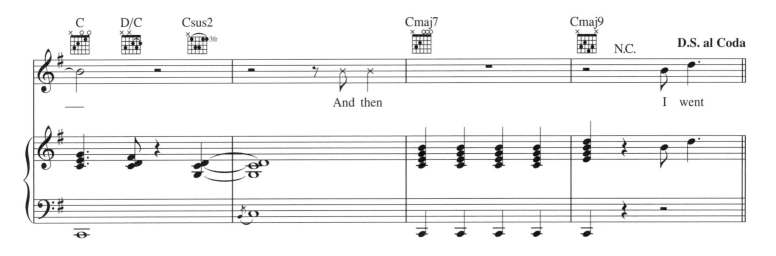

And then I went

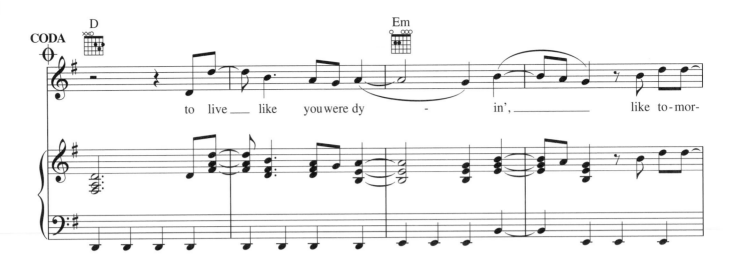

to live ___ like you were dy - in', _____ like to-mor-

- row ___ was a gift and you got ___ e - ter - ni - ty ___ to think ___

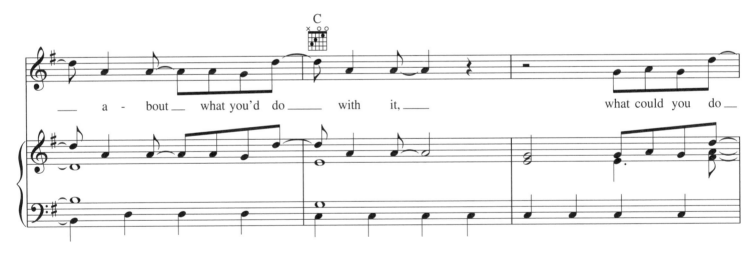

___ a - bout ___ what you'd do ___ with it, ___ what could you do ___

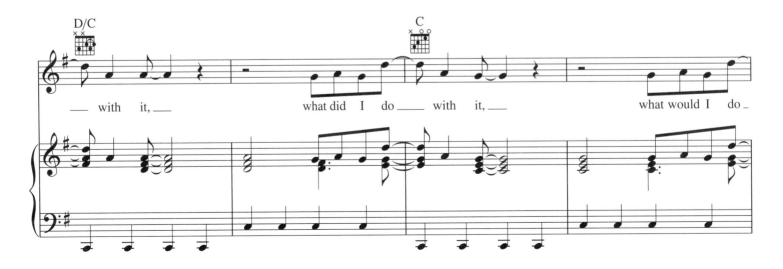

__ with it, ___ what did I do ___ with it, ___ what would I do __

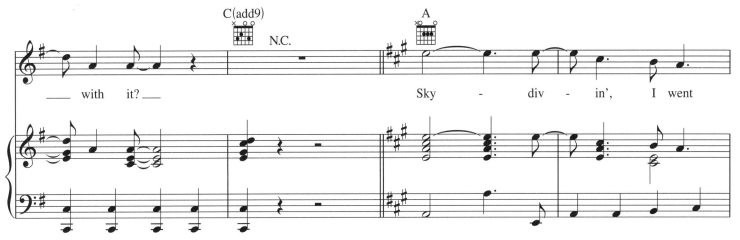

C(add9) A

_____ with it? _____ Sky - div - in', I went

D   F#m7

Rock - y Moun - tain climb - in', I went two - point - sev - en sec -

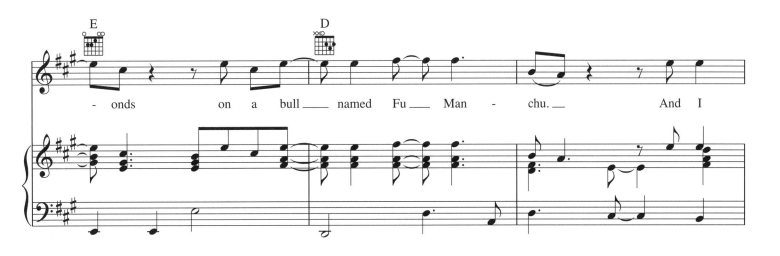

E   D

- onds on a bull _____ named Fu _____ Man - chu. _____ And I

A   C#7

loved _____ deep - er and I spoke _____ sweet -

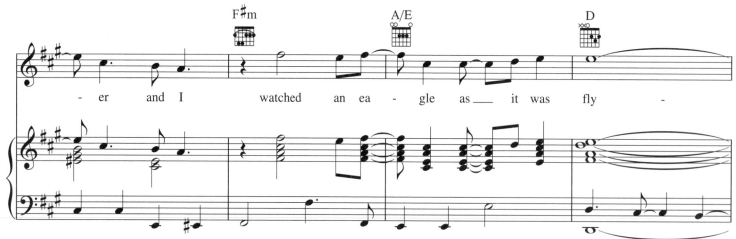

-er and I watched an ea - gle as ___ it was fly -

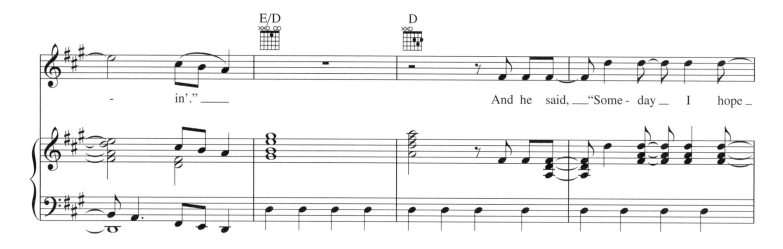

-in'." ___ And he said, ___ "Some - day ___ I hope ___

___ you get the chance ___ to live ___ like you were dy - in', ___

to live ___ like you were dy - in', ___

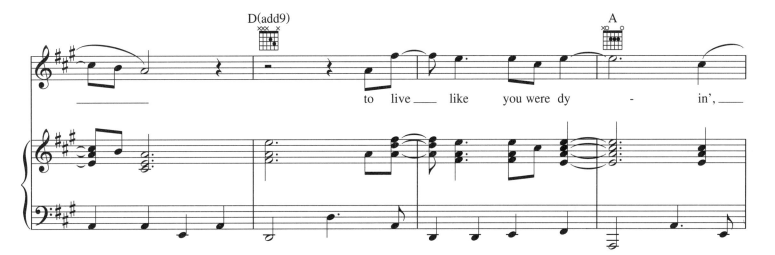

to live ____ like you were dy - ____ in', ____

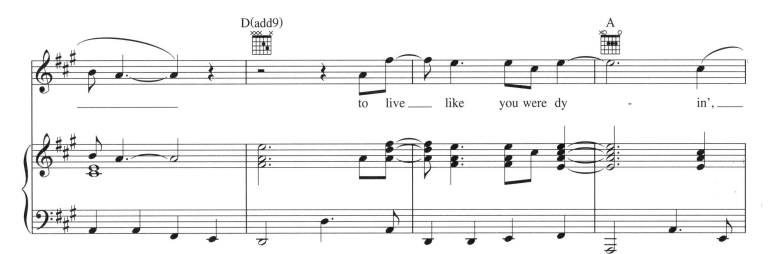

to live ____ like you were dy - ____ in', ____

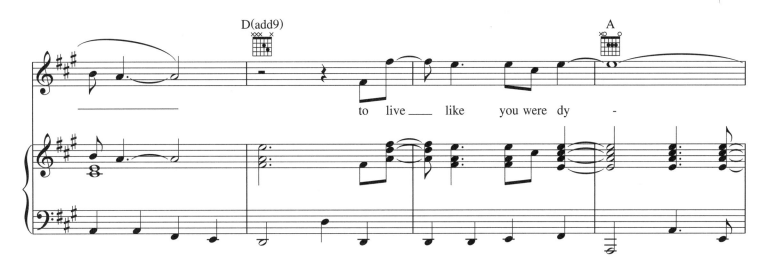

to live ____ like you were dy -

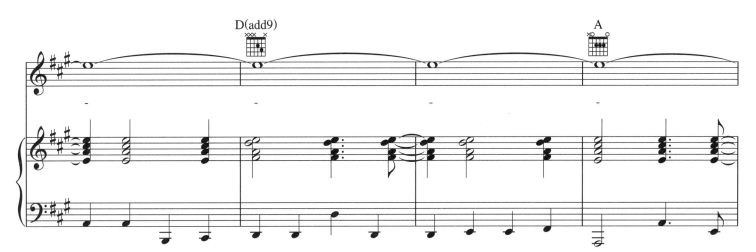

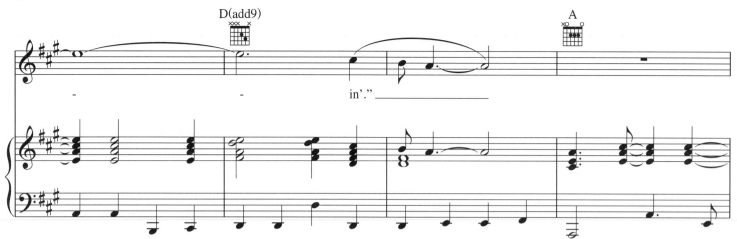

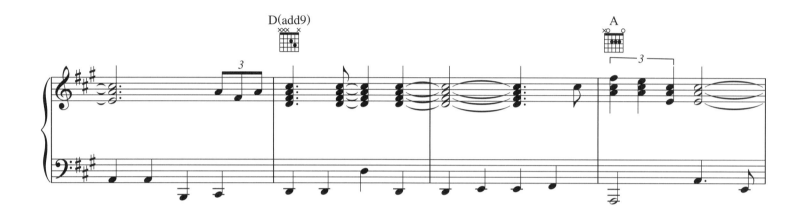

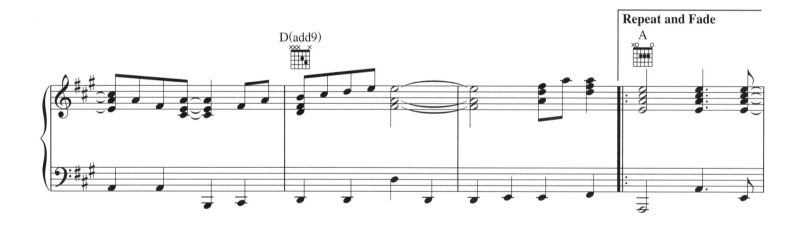

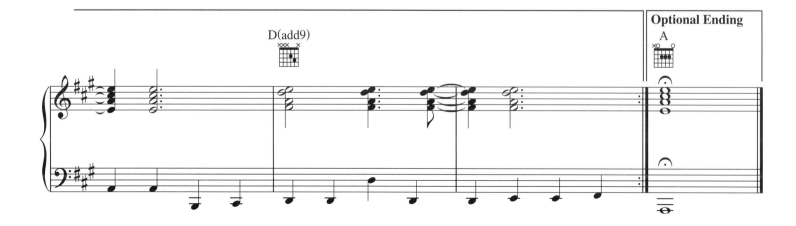

LIVING AND LIVING WELL

Words and Music by TOM SHAPIRO,
TONY MARTIN and MARK NESLER

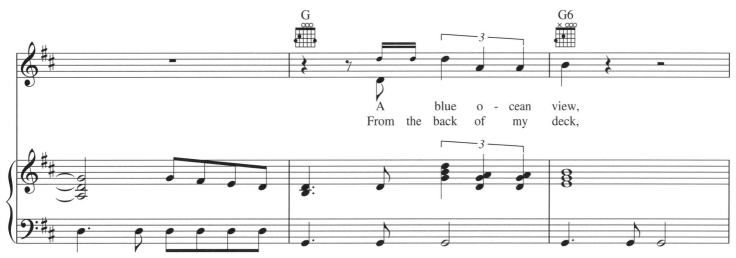

* *Recorded a half step lower.*

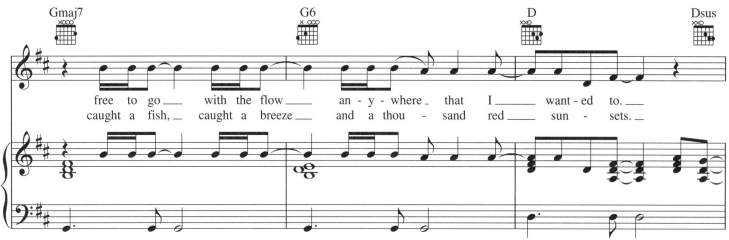

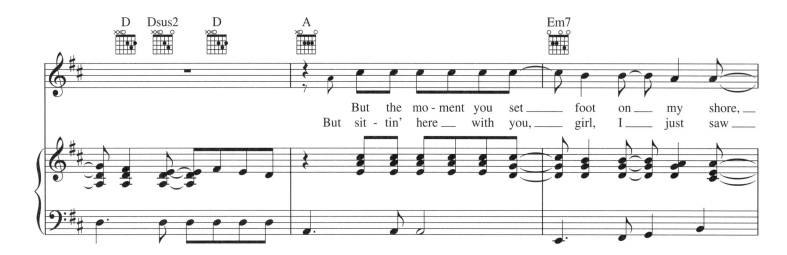

free to go ___ with the flow ___ an-y-where ___ that I ___ want-ed to. ___
caught a fish, ___ caught a breeze ___ and a thou-sand red ___ sun - sets. ___

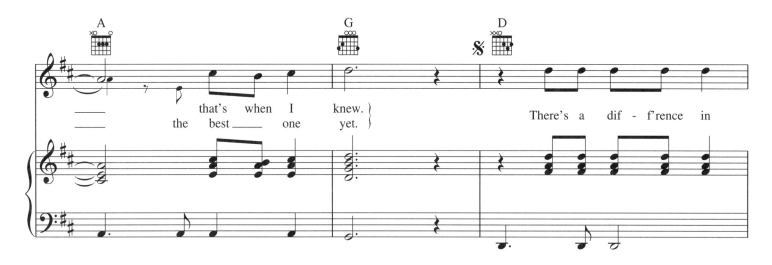

But the mo-ment you set ___ foot on ___ my shore, ___
But sit-tin' here ___ with you, ___ girl, I ___ just saw ___

___ that's when I knew.
___ the best ___ one yet.

There's a dif-f'rence in

liv-in' and liv-in' well. ___

You can't have it all ___ all by ___ your-self. ___

Some-thin's al-ways miss - in' till ___ you share ___

___ it with some - one else. ___ There's a dif-f'rence in

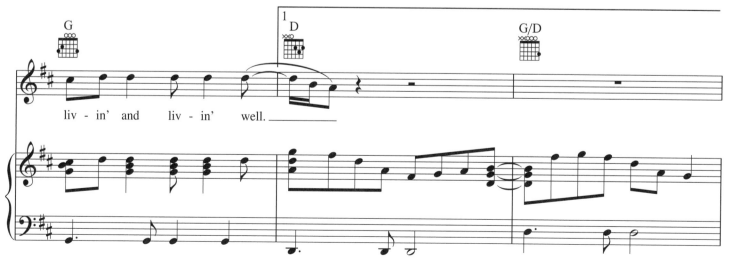

liv-in' and liv-in' well. ___

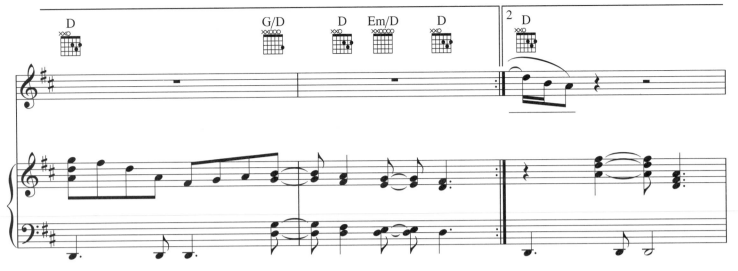

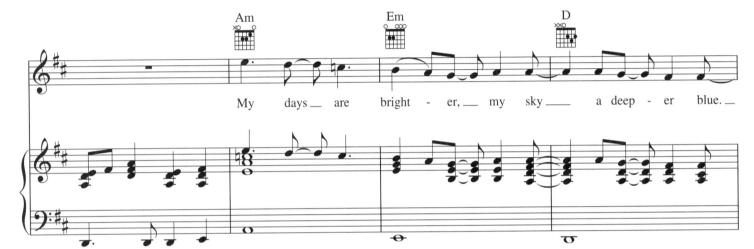

My days — are bright - er, — my sky — a deep - er blue. —

My nights — are sweet - er — when I'm — with

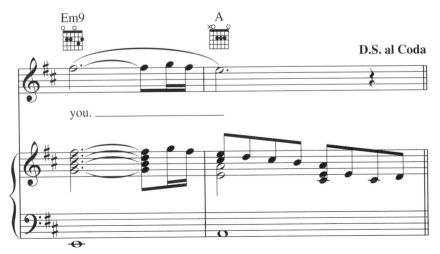

you. ___

D.S. al Coda

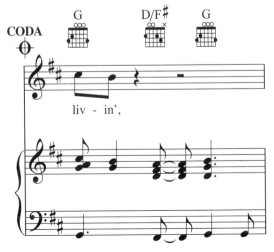

CODA

liv - in',

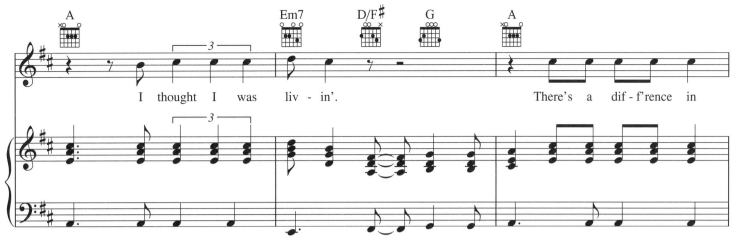

I thought I was liv - in'. There's a dif - f'rence in

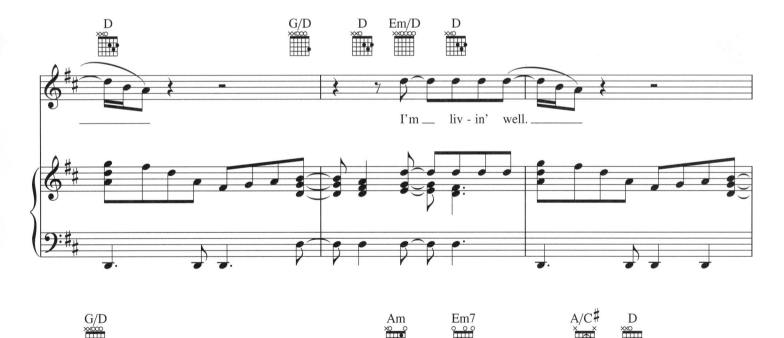

liv - in' and liv - in' well, _____ liv - in' well. __

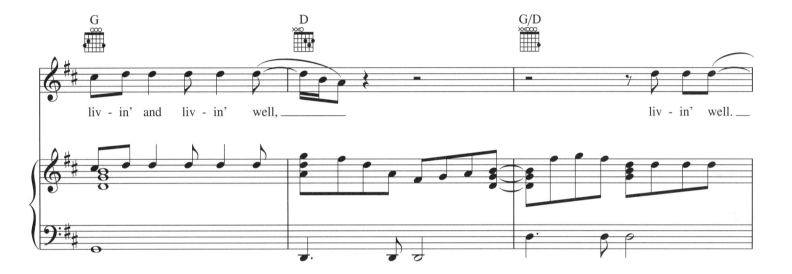

I'm __ liv - in' well. _____

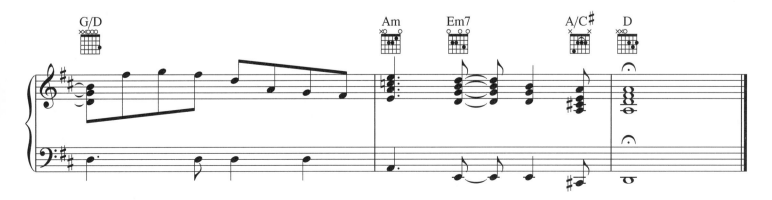

LOVE STORY

Words and Music by
TAYLOR SWIFT

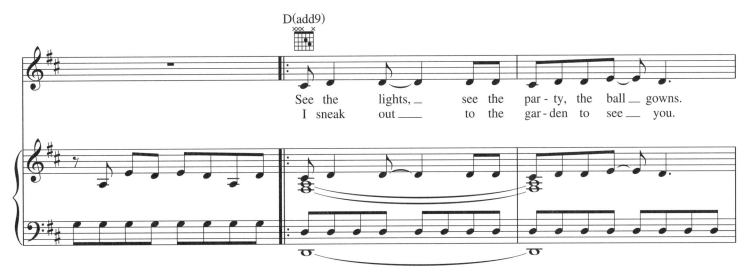

that you were Ro - me - o. You were
'Cause you were Ro - me - o, I was the

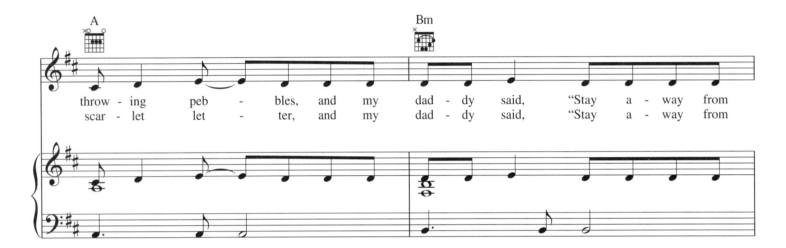

throw - ing peb - bles, and my dad - dy said, "Stay a - way from
scar - let let - ter, and my dad - dy said, "Stay a - way from

Ju - li - et." ____ And I was cry - in' on the stair - case,
Ju - li - et." ____ But you were ev - 'ry - thing to me. I was

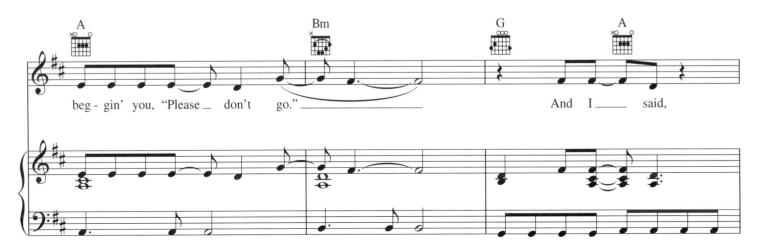

beg - gin' you, "Please ___ don't go." _____ And I ____ said,

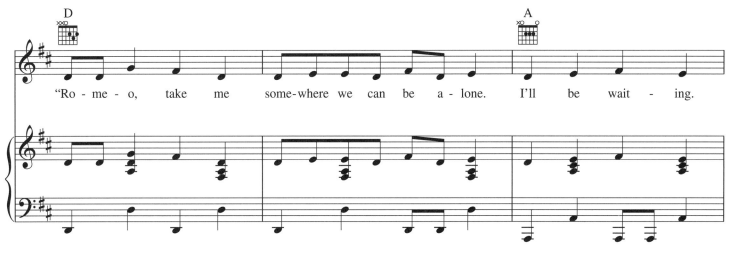

"Ro-me-o, take me some-where we can be a-lone. I'll be wait-ing.

All there's left to do is run. You'll be the prince and I'll be the prin - cess.

It's a love sto - ry.__ Ba - by, just say __ yes."

So, "Ro - me - o, save me. They're try'n' to tell me how to feel.

This love is dif-fi-cult, but it's__ real.__ Don't be a-fraid. We'll

make it out of this mess. It's a love sto-ry.__ Ba-by, just say__ yes."

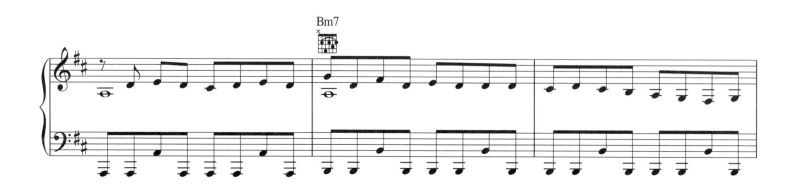

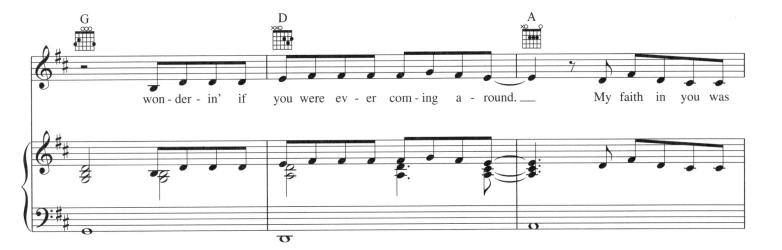

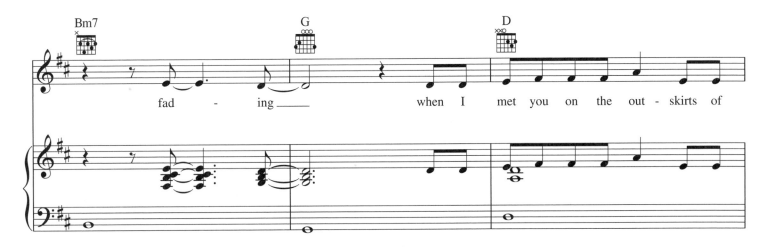

I keep wait-ing for you, but you nev-er come. Is this in my head? I don't

know what to think." He knelt to the ground and pulled out a ring and said,

"Mar-ry me, Ju-li-et, you nev-er have to be a-lone.

I love you __ and that's all I real-ly know. I talked to your dad. Go

pick out a white dress. It's a love sto - ry. __ Ba - by, just say __

yes." _____ Oh, oh, oh, _____

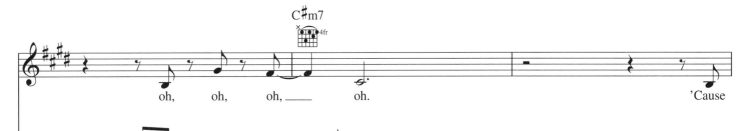

oh, oh, oh, ____ oh. 'Cause

we were both young when I first saw __ you. __

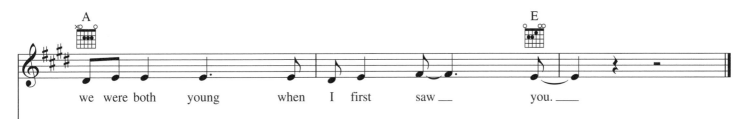

MAKING MEMORIES OF US

Words and Music by
RODNEY CROWELL

111

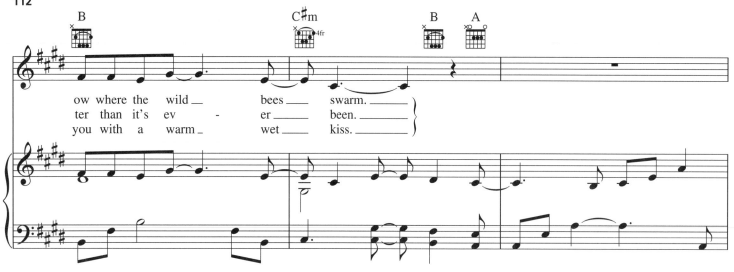

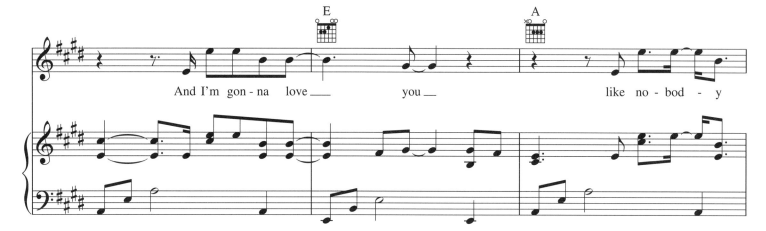

We'll fol-low the rain - bow ___ wher-ev - er the four ___

___ winds blow. ___ And there'll be a new ___ day ___

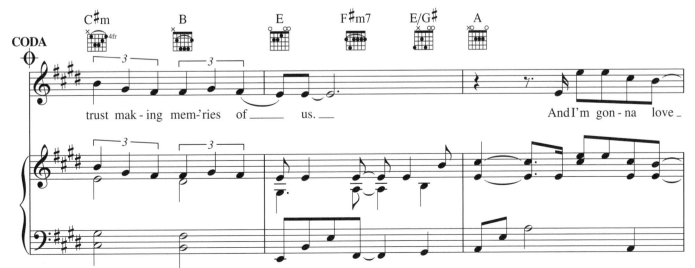

com - in' your ___ way.

D.S. al Coda

CODA

trust mak - ing mem'ries of ___ us. ___ And I'm gon - na love ___

you ___ like no-bod-y loves you. ___

And I'll win ___ your trust mak-ing mem-'ries of _____ us. ___

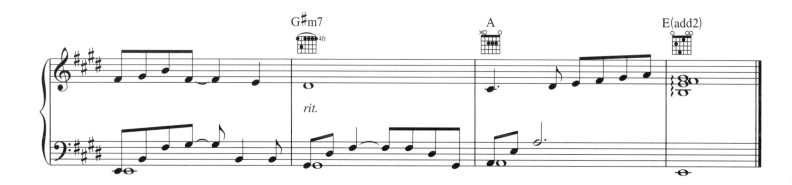

rit.

MY GIVE A DAMN'S BUSTED

Words and Music by TOM SHAPIRO,
TONY MARTIN and JOE DIFFIE

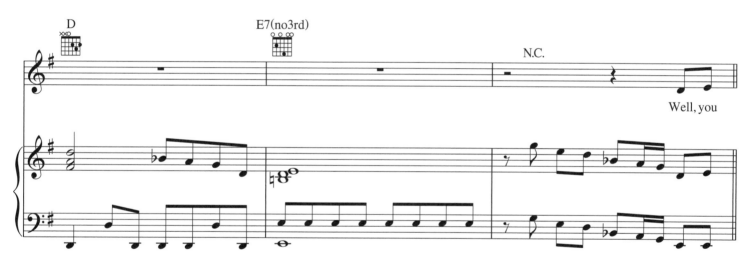

Well, you

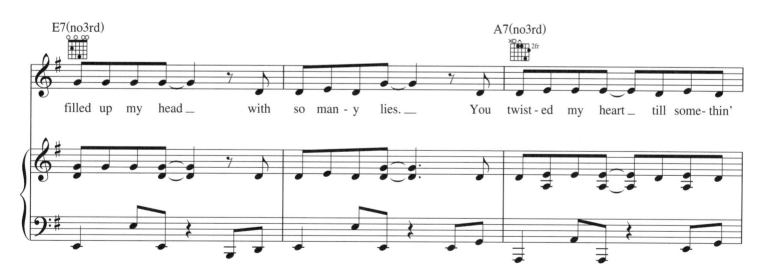

filled up my head __ with so man - y lies. __ You twist - ed my heart __ till some - thin'

snapped in - side. ___ I'd like to give it one ___ more try, ___ but my give a damn's bust-

ed. You can crawl ___ back home and

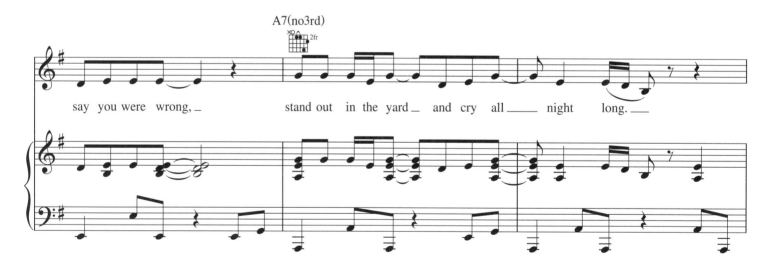

say you were wrong, ___ stand out in the yard ___ and cry all ___ night long. ___

Go a - head and wa - ter the lawn; ___ my give a damn's bust - ed.

I real-ly wan-na care, I wan-na feel some-thin'.

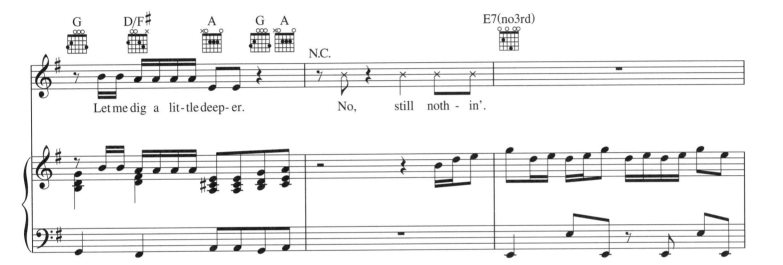

Let me dig a lit-tle deep-er. No, still noth - in'.

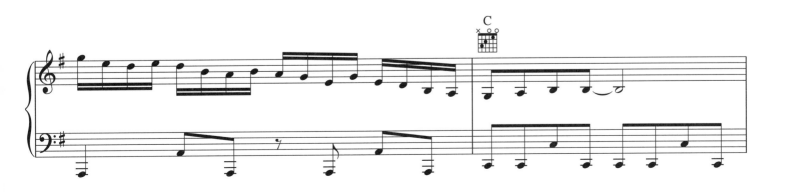

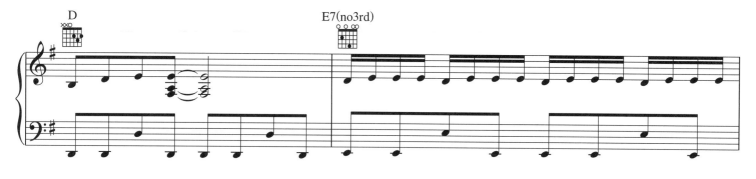

It's a des-p'rate sit - u - a - tion, no

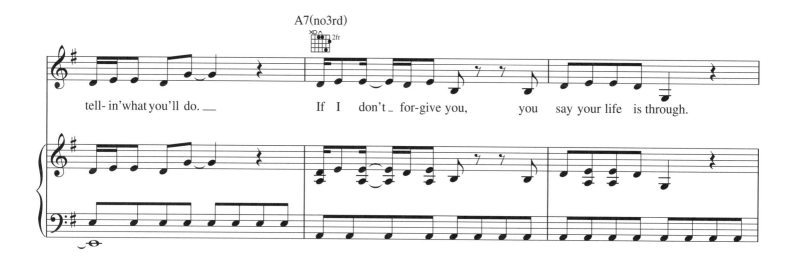

tell- in'what you'll do. ___ If I don't _ for-give you, you say your life is through.

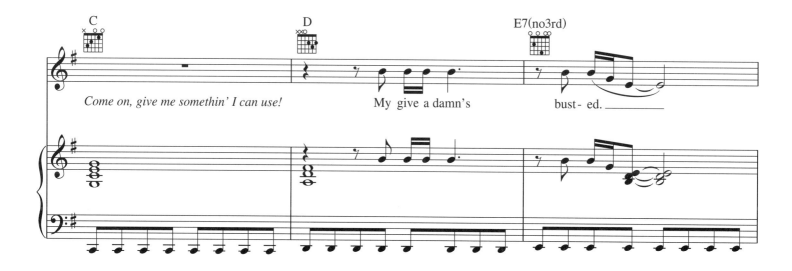

Come on, give me somethin' I can use! My give a damn's bust- ed. ___

OUR SONG

Words and Music by
TAYLOR SWIFT

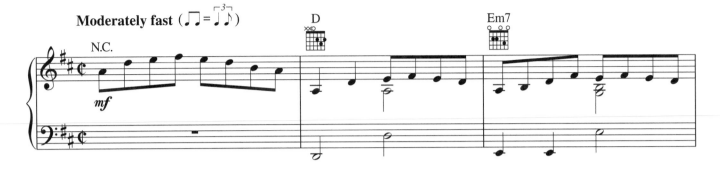

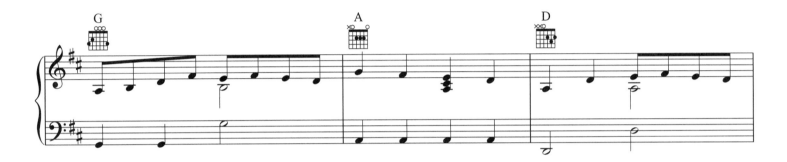

He's got a one-hand feel on the ___ steer-ing wheel, ___ the

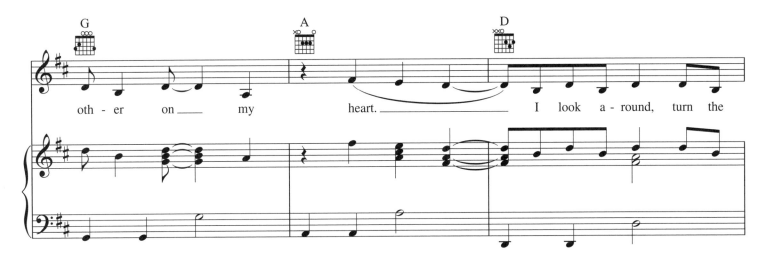

oth-er on ___ my heart. ___ I look a-round, turn the

ra-di-o down. He says, "Ba-by, is some-thin' wrong?" ___ I

say, "Noth-in'. I was just think-in' how ___ we don't have ___ a song." ___

And he ___ says, "Our song is a

slam-min' screen door, sneak-in' out late, tap-pin' on your win-dow,

when we're on the phone ___ and you talk real ___ slow 'cause it's

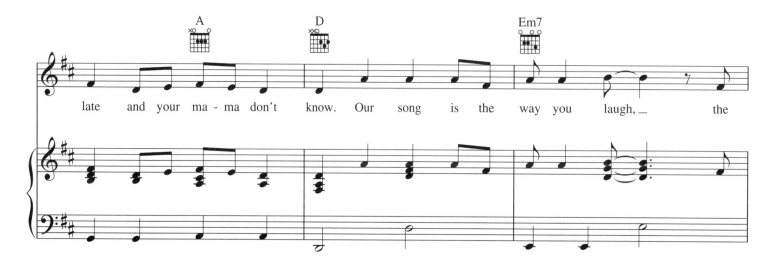

late and your ma-ma don't know. Our song is the way you laugh, ___ the

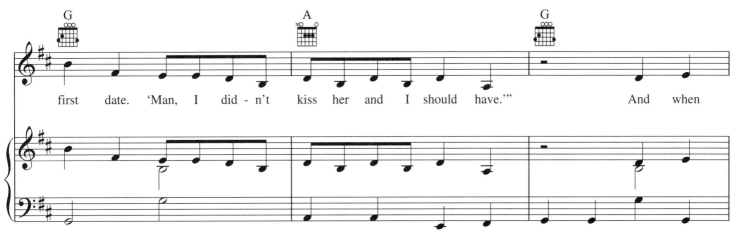

first date. 'Man, I did-n't kiss her and I should have.'" And when

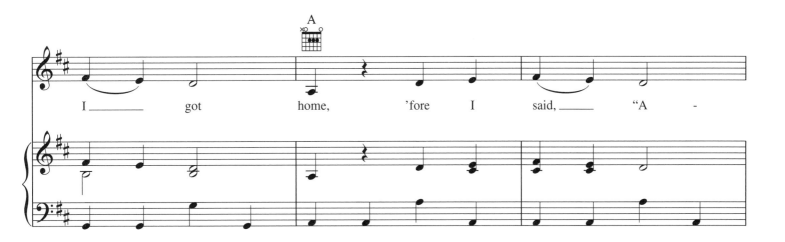

I _____ got home, 'fore I said, _____ "A-

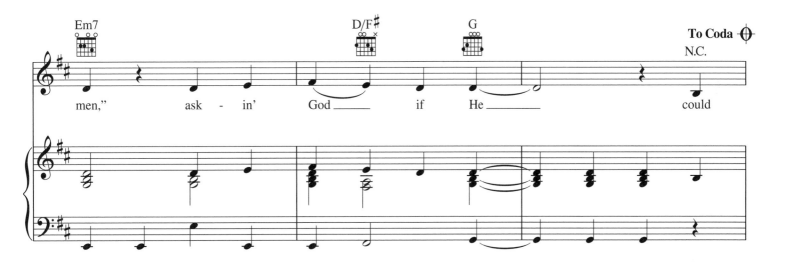

men," ask - in' God _____ if He _____ could

To Coda

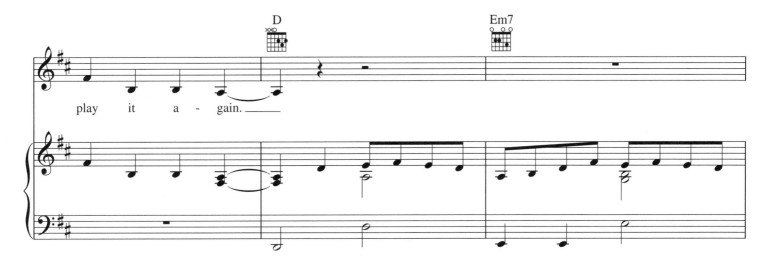

play it a - gain. _____

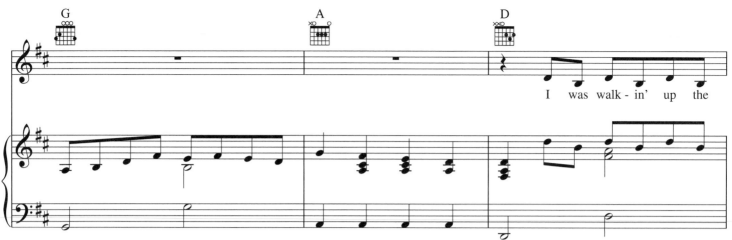

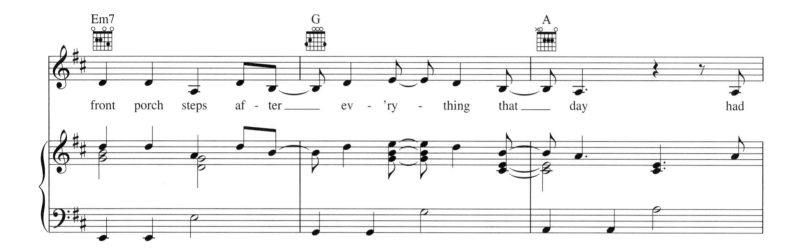

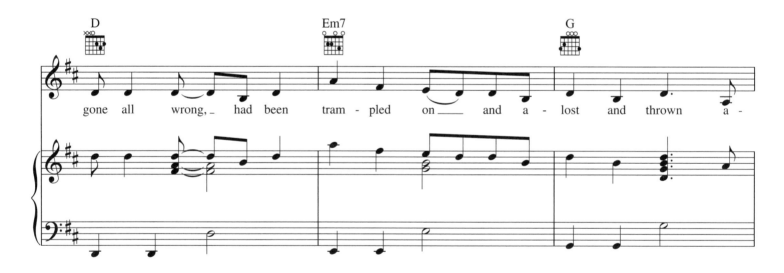

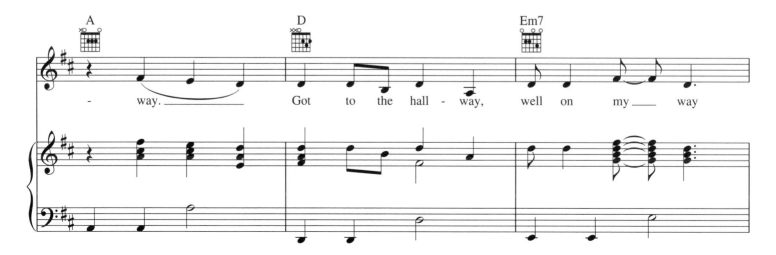

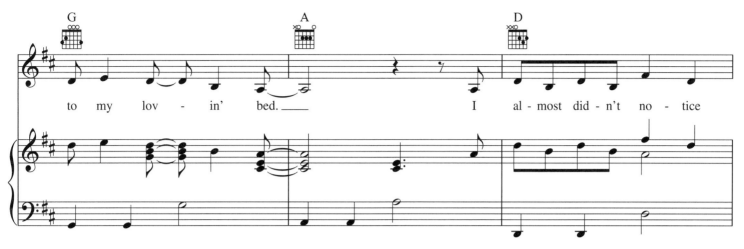

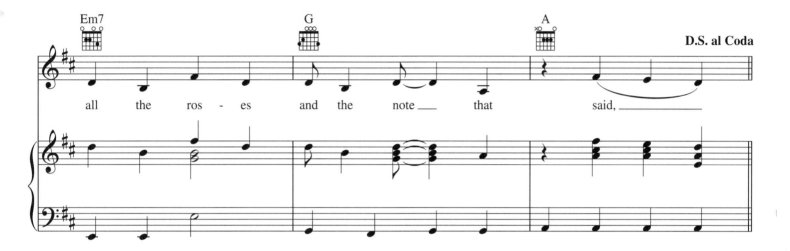

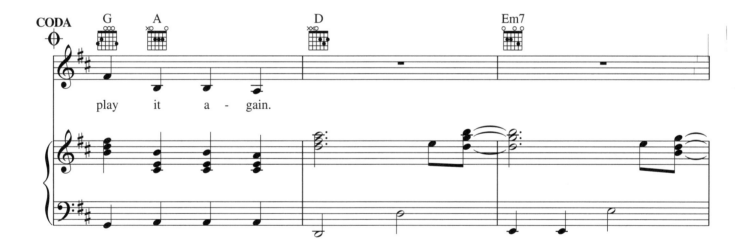

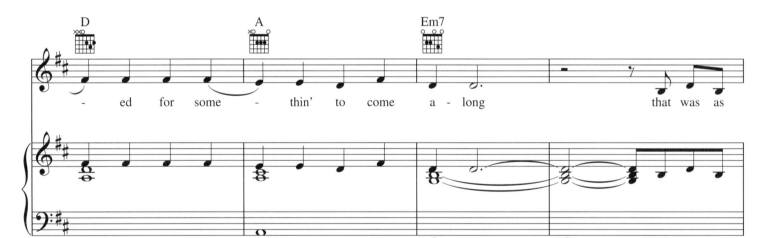

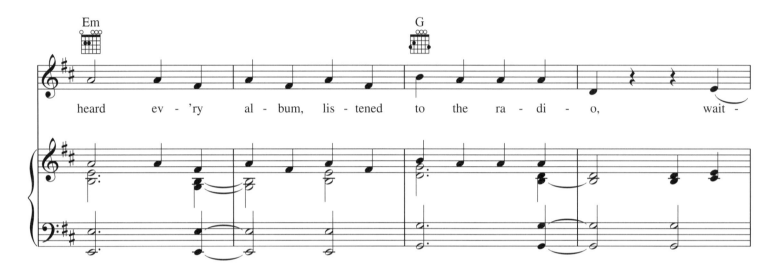

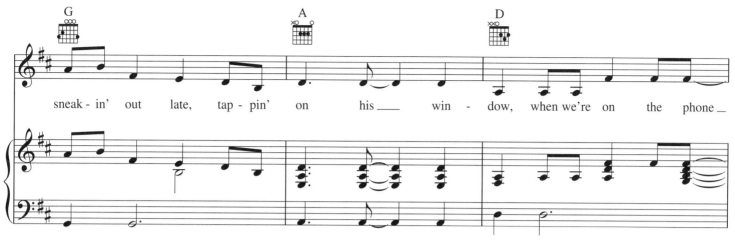

sneak - in' out late, tap - pin' on his ___ win - dow, when we're on the phone ___

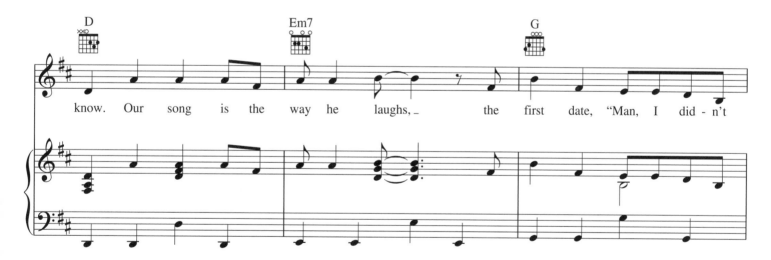

___ and he talks real slow 'cause it's late and his ma - ma don't

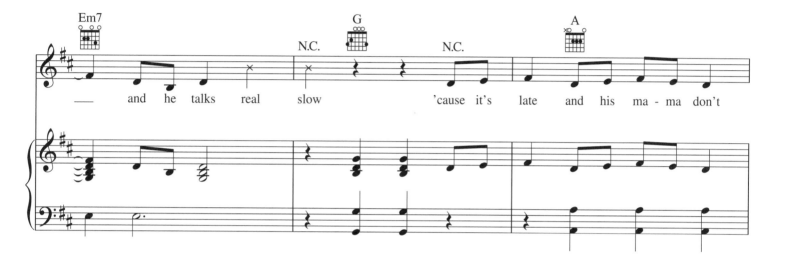

know. Our song is the way he laughs, _ the first date, "Man, I did - n't

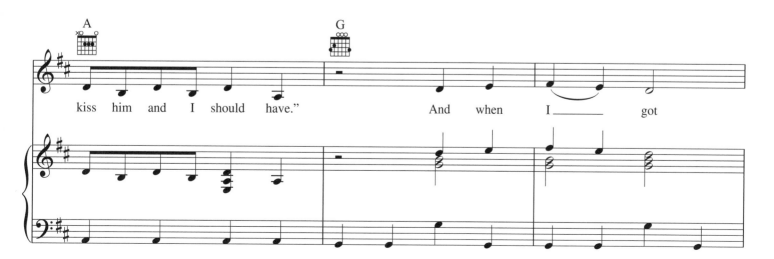

kiss him and I should have." And when I ___ got

home, 'fore I said, ___ "A - men," ask - in'

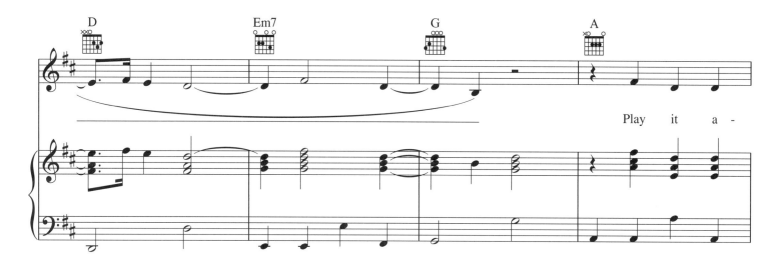

God ___ if He ___ could play it a - gain. ___

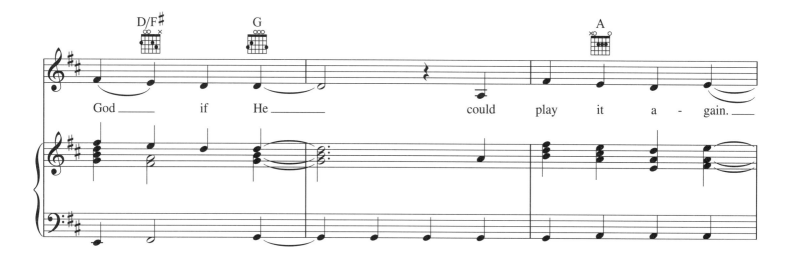

Play it a -

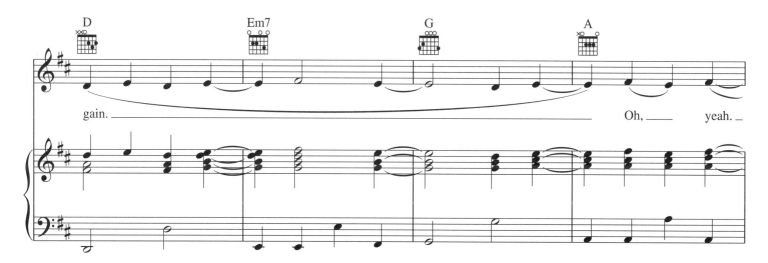

gain. ___ Oh, ___ yeah. ___

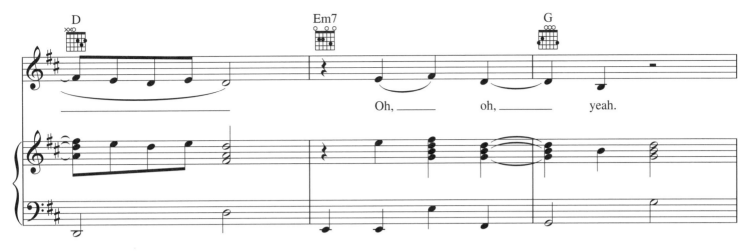

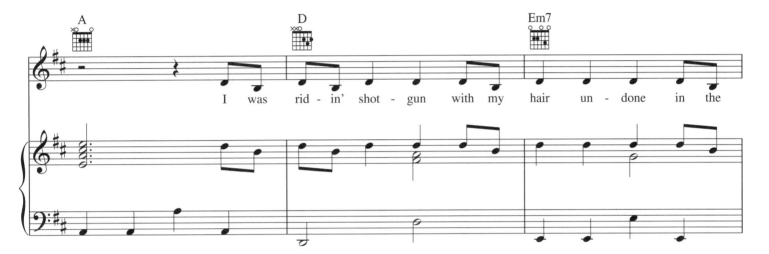

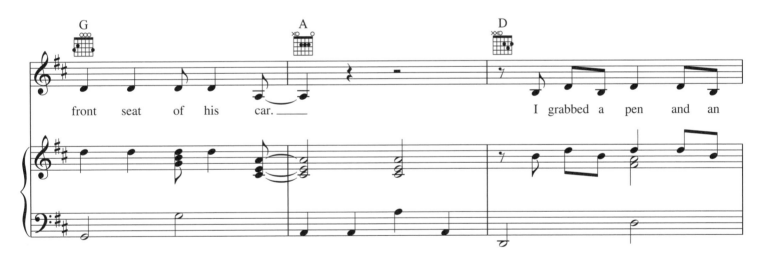

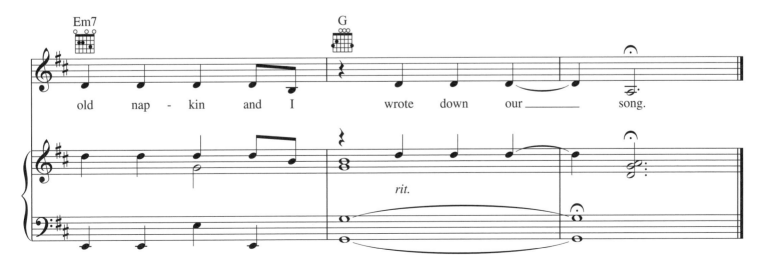

OUT LAST NIGHT

Words and Music by KENNY CHESNEY
and BRETT JAMES

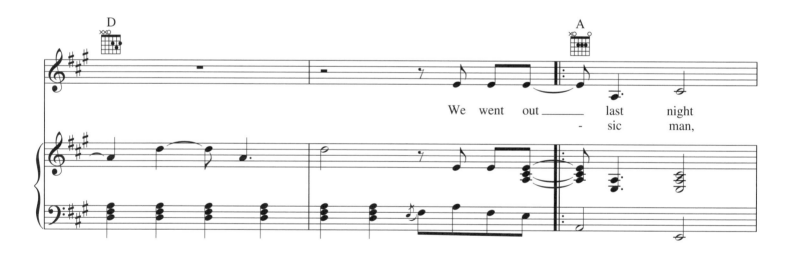

We went out _____ last night
_____ -sic man,

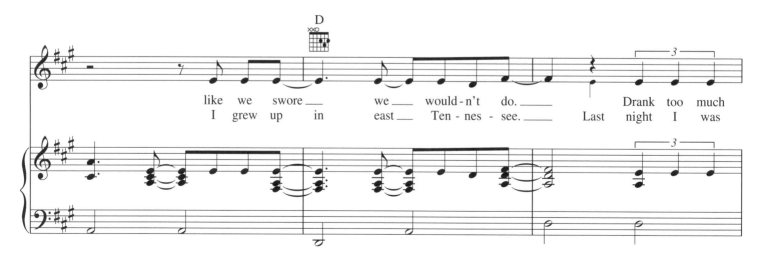

like we swore ____ we ____ would-n't do. ____ Drank too much
I grew up in east ____ Ten - nes - see. ____ Last night I was

beer last ___ night,   a lot more ___ than we ___ want-ed to. ___
ev-'ry - thing   when I got ___ a few ___ drinks in me. ___

There were girls ___ from Ar - gen - ti - na   and Ar - kan - sas, ___   Maine, ___
I was a doc - tor, ___ a law - yer, a sen - a - tor's son,   Brad ___

___ Al - a - bam - a and   Pan - a - ma, ___ all ___ mixed to - geth - er and
___ Pitt's ___ broth - er and a man on the run, ___ an - y - thing I thought would

hav - ing a ball. ___
get the job done. ___

Yeah, ___ we went ___ out ___

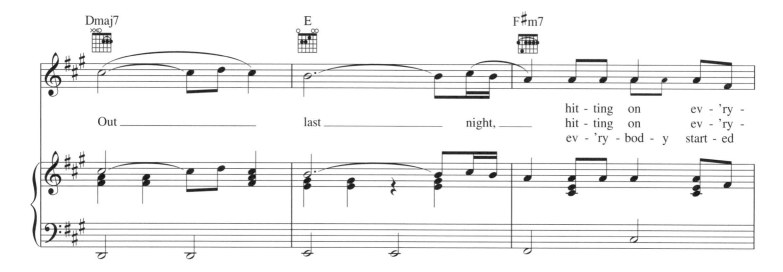

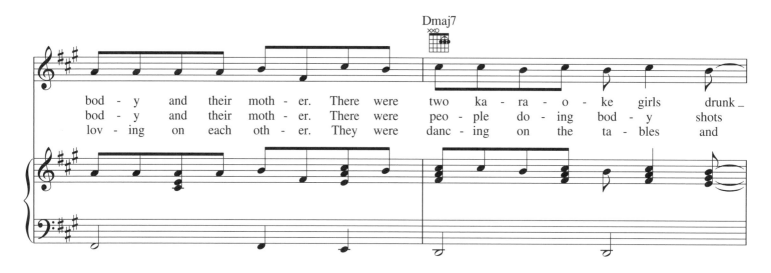

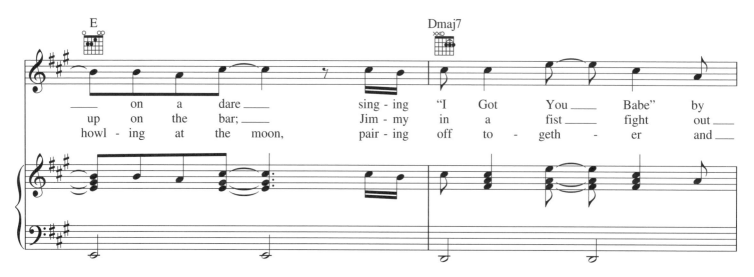

must have ___ sur - vived, ___ and that I lived ___ to

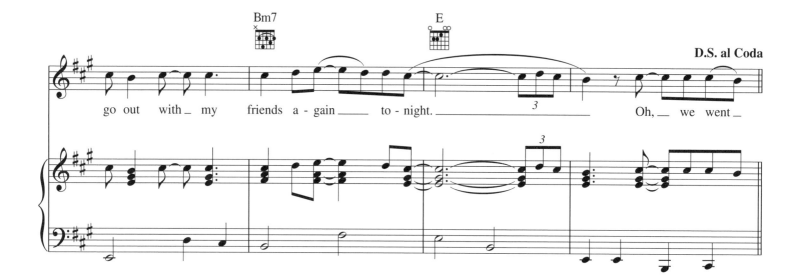

go out with ___ my friends a - gain ___ to - night. ___ Oh, ___ we went ___

D.S. al Coda

CODA

Repeat and Fade

Optional Ending

REDNECK WOMAN

Words and Music by GRETCHEN WILSON
and JOHN RICH

* *Recorded a half step lower.*

I can't swig___ that sweet cham-pagne; I'd rath-er drink beer all
I can buy___ the same damn thing on a Wal - Mart shelf all half -

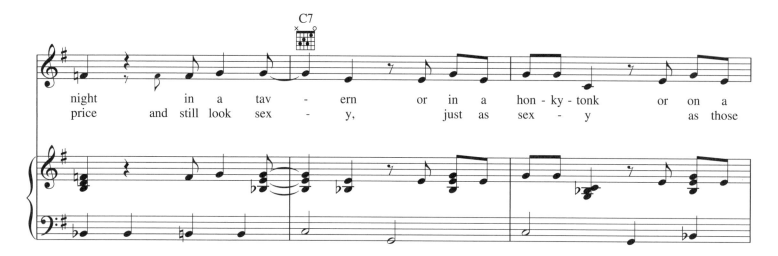

night in a tav-ern or in a hon-ky-tonk or on a
price and still look sex - y, just as sex - y as those

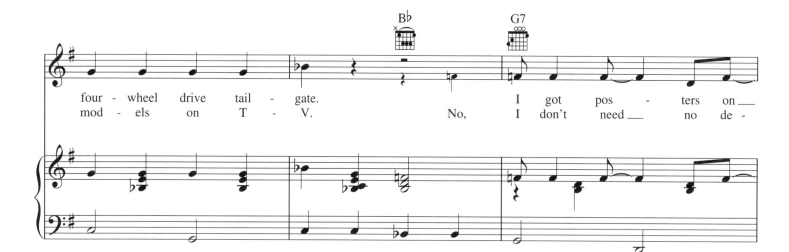

four - wheel drive tail - gate. No, I got pos-ters on___
mod - els on T - V. No, I don't need___ no de -

___ my wall___ of Skyn - yrd, Kid and Strait. Some
sign - er's tag___ to make my Kid man want me.

peo - ple look __ down on __ me, but I don't give a rip. __
You might think __ I'm trash - y, a lit - tle too hard - core, __

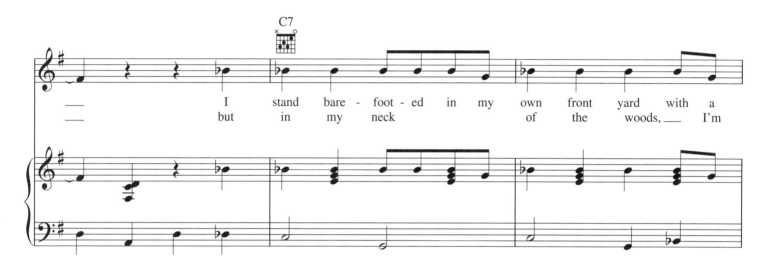

__ I stand bare - foot - ed in my own front yard with a
__ but in my neck of the woods, __ I'm

ba - by on __ my hip, __ 'cause } I'm a red - neck wom -
just the girl __ next door. __ Hey, }

- an, I ain't no high - class broad. __ I'm just a

prod - uct of my rais - in', I _____ say, "Hey, y'all" and "Hee -

haw." And I keep my Christ - mas lights _____ on on my

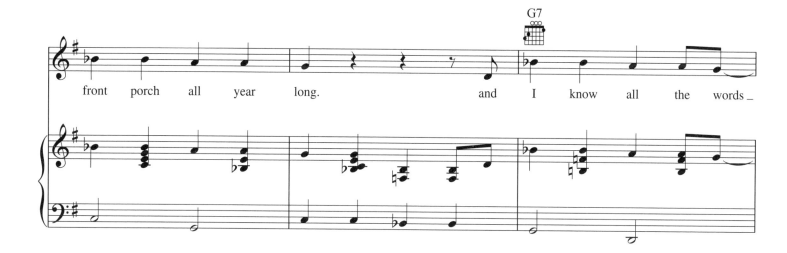

front porch all year long. and I know all the words _

_____ to ev - 'ry

{ Char - lie Dan - iels song. _____
{ Tan - ya Tuck - er song. _____
{ ol' _____ Bo - se - phus song. _____

So,

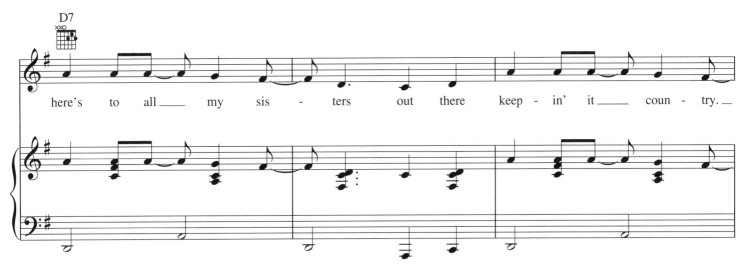

here's to all___ my sis - ters out there keep-in' it___ coun - try.___

To Coda

Let me get a big___ "Hell, yeah"___ from the

red - neck girls like me. Hell, yeah._____ (Hell,

yeah!) Vic - tor - i - a's

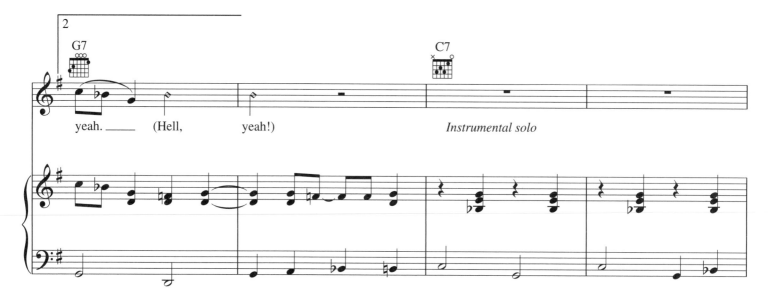

yeah. _____ (Hell, yeah!)   *Instrumental solo*

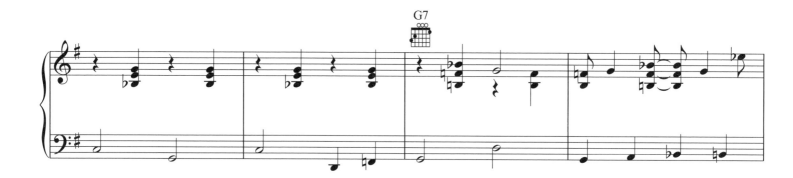

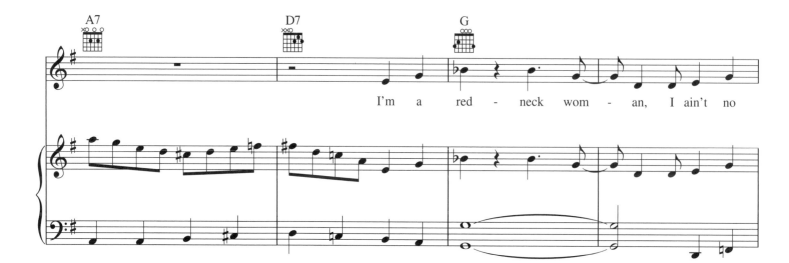

I'm a red - neck wom - an, I ain't no

high - class broad.___ I'm just a prod - uct of my rais - in', I ___ say,

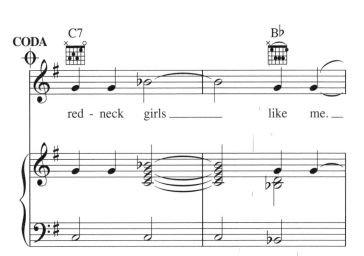

D.S. al Coda

"Hey, y'all" and "Hee - haw." And I

CODA

red - neck girls _____ like me.___

_____ (Hell, yeah!) Hell, yeah. _____ (Hell, yeah!) Hell, _ yeah. _

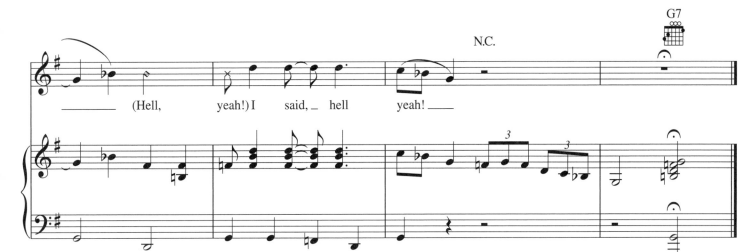

_____ (Hell, yeah!) I said, _ hell yeah! ____

SHE NEVER CRIED IN FRONT OF ME

Words and Music by BOBBY PINSON
and TOBY KEITH

Sev - en - thir - ty - five, _____ she's some - one else -'s wife. _____
Yeah, may - be I might have changed; ___ it's hard for me _ to say. ___

Now I can get on with _ my life _____ and that thrills me.
But the sto - ry's still _ the same _ and it's a sad one.

She mar - ried him _ to - day. _____ Her dad - dy gave the bride a -
And I'll al - ways _ be - lieve _____ if she ev - er did _ cry for

way. ___ I heard a tear roll down her face ___ and that kills me.
me, ___ they were tears that you can't see, ___ you know, the bad ones.

'Cause now I can see why she's fi - n'lly
And now I can see why she's fi - n'lly

cry - in'. }
cry - in'. }
How was I sup-posed __ to know ___ she was slow-ly let-tin' go? __

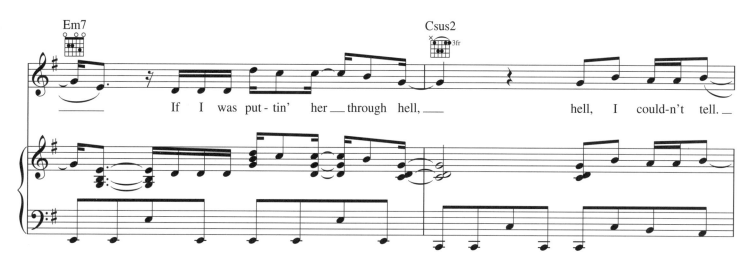

___ If I was put-tin' her __ through hell, ___ hell, I could-n't tell. __

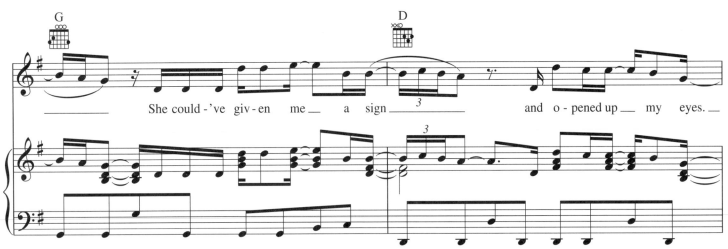

She could -'ve giv-en me __ a sign ___ 3 ___ and o - pened up __ my eyes. __

__ How was I sup-posed to see? ___ She nev - er cried in front of __ me. __

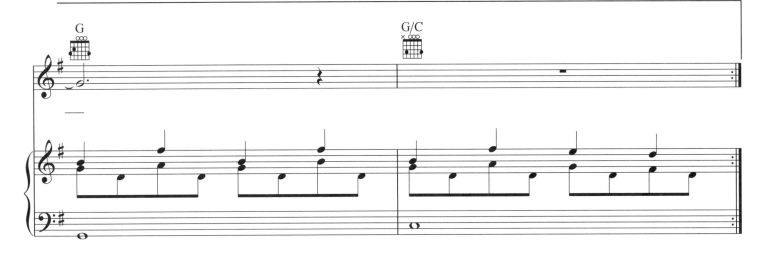

__ She nev - er cried in front of me. With-out a doubt I know now how it ought-a be.

And she's gone and it's wrong and it both-ers me. To-mor-row I'll ___ still be ___

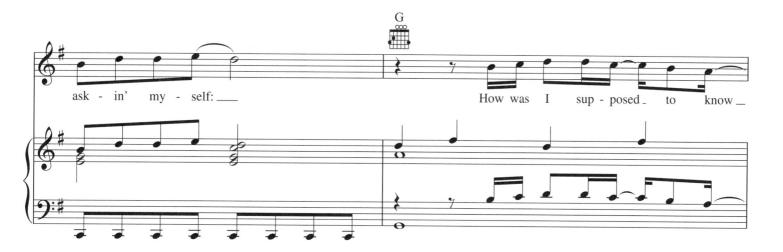

ask - in' my - self: ___ How was I sup - posed ___ to know ___

___ she was slow - ly let - ting go? ___ If I was put - tin' her ___ through hell, ___

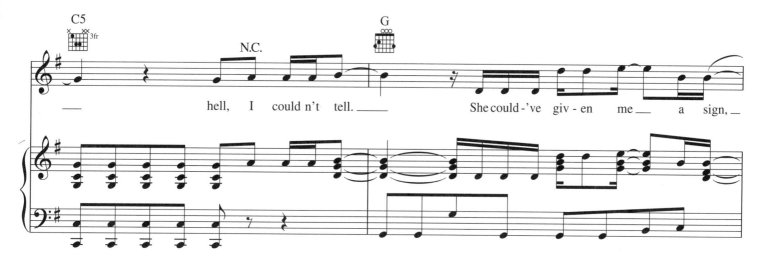

___ hell, I could n't tell. ___ She could -'ve giv - en me ___ a sign, ___

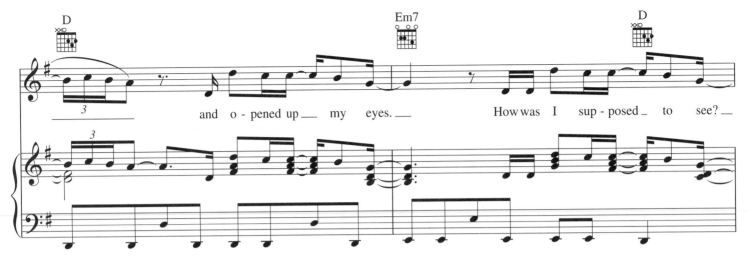

and o-pened up__ my eyes. __ How was I sup-posed_ to see?__

__ How was I___ sup-posed_ to

see? She nev-er cried in front of me. __

Hell, I could-n't tell. _____

SHE'S EVERYTHING

Words and Music by BRAD PAISLEY
and WIL NANCE

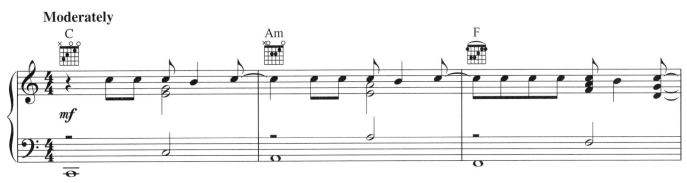

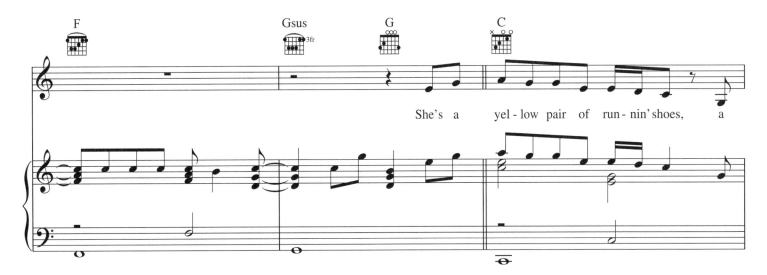

She's a yel - low pair of run - nin' shoes, a

hole - y pair of jeans. ___ She looks great in cheap sun - glass - es, she looks

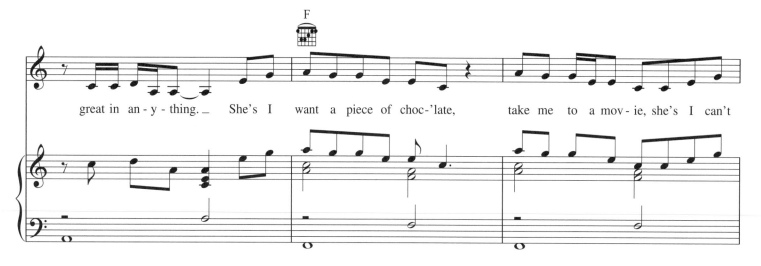

great in an - y - thing. _ She's I want a piece of choc-'late, take me to a mov - ie, she's I can't

find a thing to wear, now and then she's mood - y. _ She's a

Sat - urn with a sun - roof, with her brown hair blow - in'. She's a soft place to land _ and a

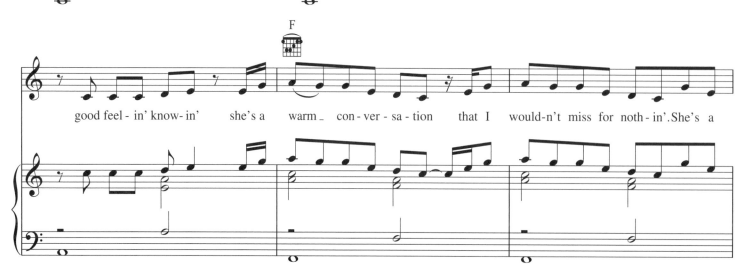

good feel - in' know - in' she's a warm _ con - ver - sa - tion that I would-n't miss for noth - in'. She's a

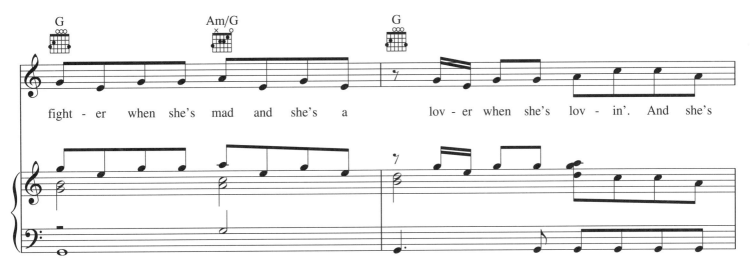

fight - er when she's mad and she's a lov - er when she's lov - in'. And she's

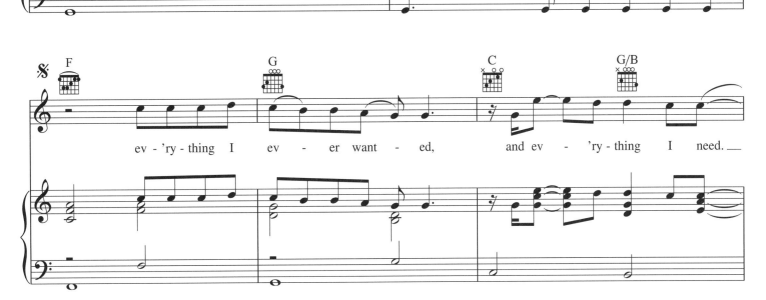

ev - 'ry - thing I ev - er want - ed, and ev - 'ry - thing I need.

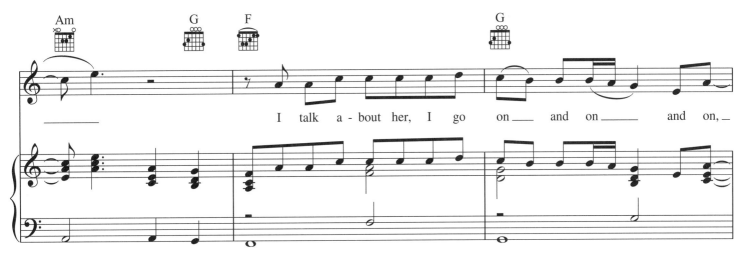

I talk a - bout her, I go on and on and on,

'cause she's ev - 'ry - thing

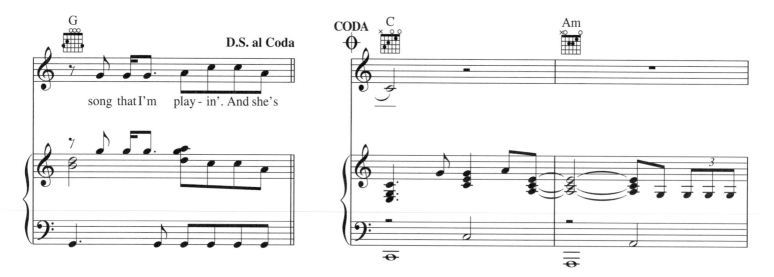

D.S. al Coda

song that I'm play-in'. And she's

CODA

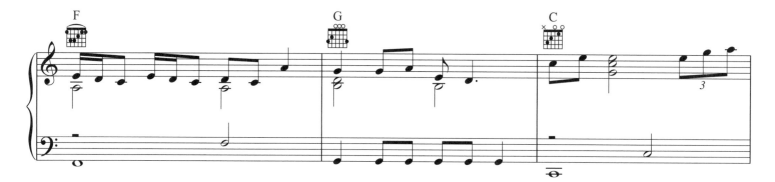

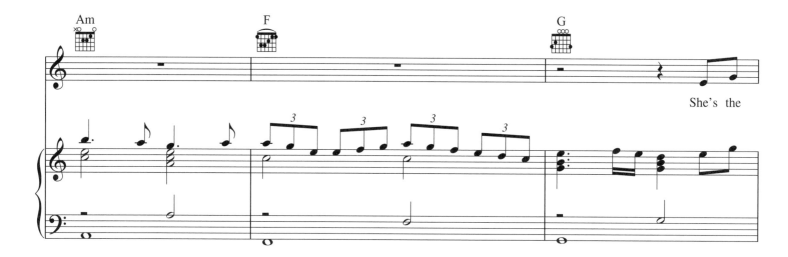

She's the

voice I love to hear ___ and some-day when I'm nine-ty, she's that wood-en rock-in' chair ___ I want

rock - in' right be - side me. Ev -'ry day __ that pass - es I on - ly love her more. __

Yeah, she's the one __ that I'd lay down my own life for. And she's

rit.

ev -'ry - thing I ev - er want - ed, and ev -'ry - thing I need. __

a tempo

And she's ev -'ry - thing _____ to me. __

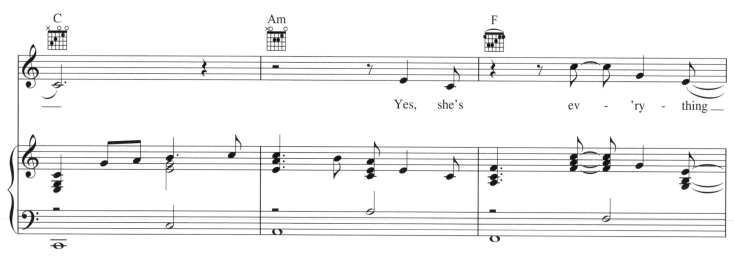

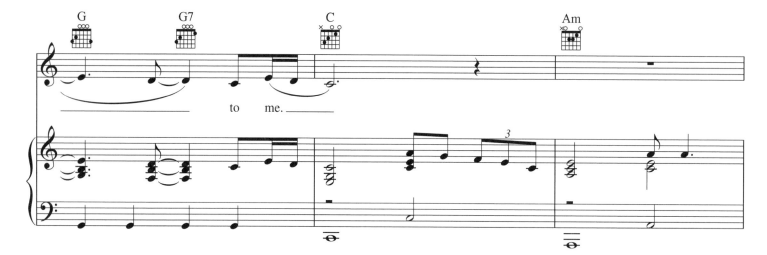

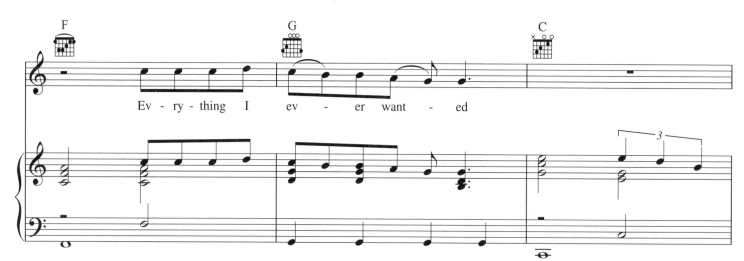

And she's ev - 'ry - thing

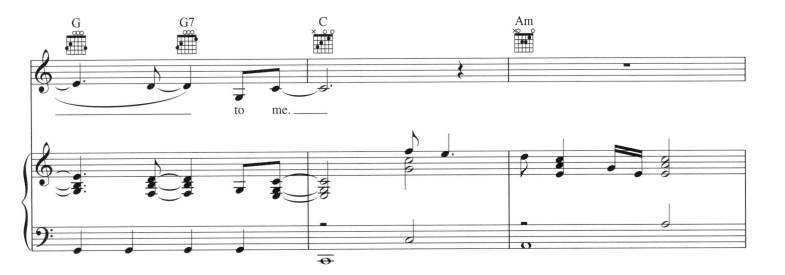

to me.

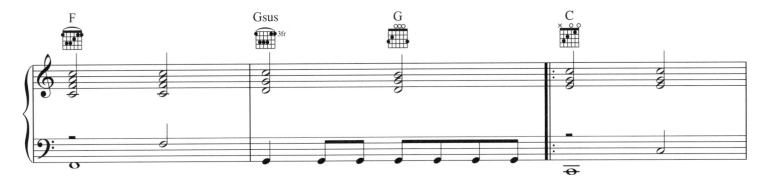

Repeat and Fade | **Optional Ending**

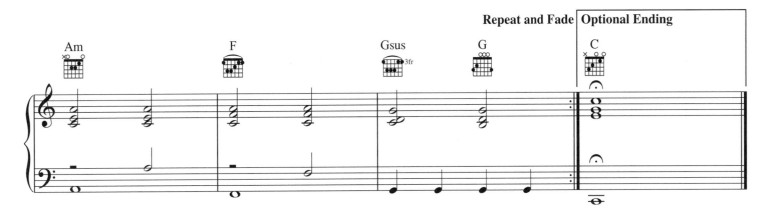

WANT TO

Words and Music by BOBBY PINSON,
KRISTIAN BUSH and JENNIFER NETTLES

I packed a cool-er and a change of clothes. ___ Let's jump in, see ___ how far ___ it ___ goes.

I got your ring ___ a-round my neck, ___ and a cou-ple of nights ___ I don't ___ re - gret.

We could keep things just the same, __ leave here the way __

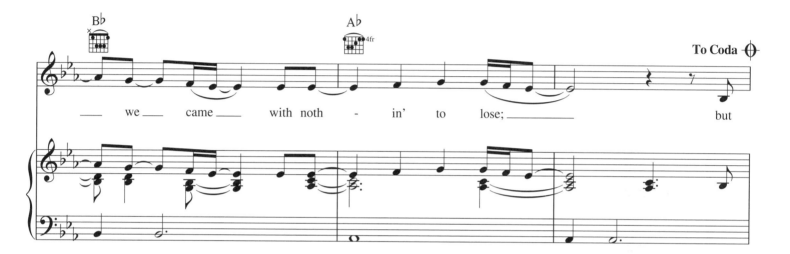

__ we __ came __ with noth - in' to lose; _____ but

To Coda ⊕

I don't want __ to if you don't want __ to. _____

D.S. al Coda

CODA

I don't want _ to if you don't want _ to nev-er waste _ an-oth-

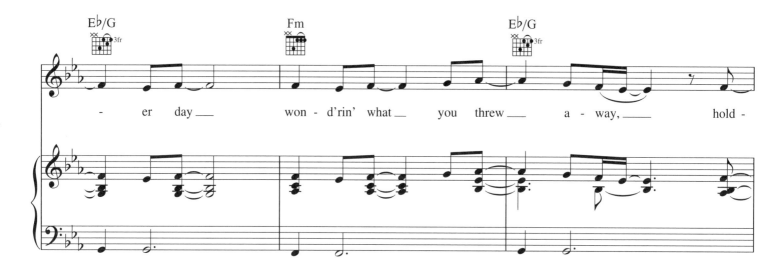

-er day _ won-d'rin' what _ you threw _ a-way, _ hold-

-ing me _ hold-ing you. _ I don't want _ to if

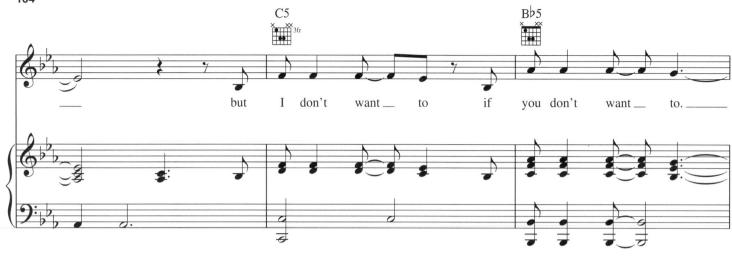

but I don't want __ to if you don't want __ to. __

But I want __ to, _____

and I ____ want _____ you. _____

WHAT ABOUT NOW

Words and Music by RON HARBIN,
ANTHONY SMITH and AARON BARKER

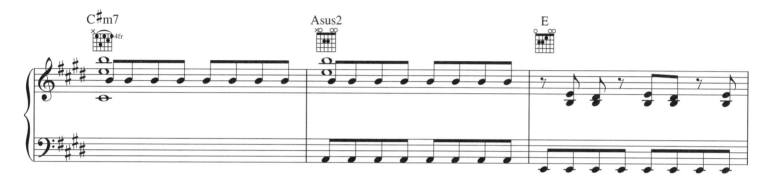

The sign __

__ in the win-dow said for sale or trade __ on the last __ re-main-ing din-o-saur

De-troit made.__ Sev - en hun-dred dol-lars was a heck of a deal__ for a four-

- hun-dred horse-pow - er juke-box on wheels. And that road ____ rolls__ out like a wel-
long e - nough.__ Just__ give__ me the word__ and we'll be kick-in' up dust.__ We__

- come mat.__ I don't know__ where it goes,__ but it beats__ where we're at.__ We al -
-tin' this off,__ ba - by,

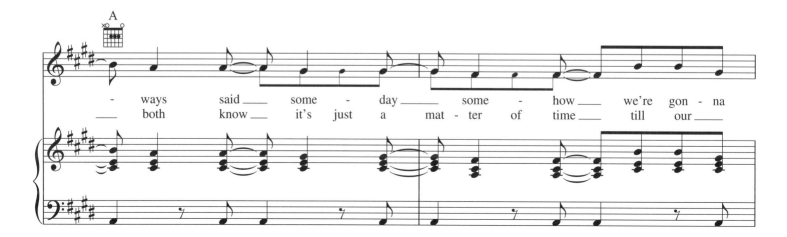

- ways said__ some - day__ some - how__ we're gon - na
____ both know__ it's just a mat - ter of time__ till our__

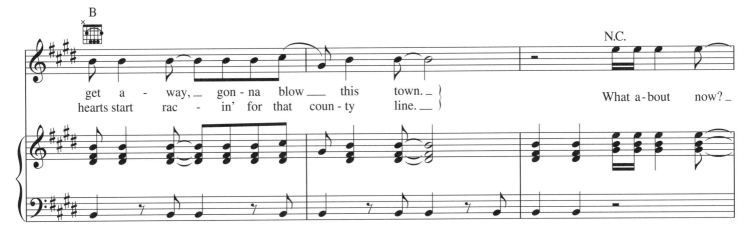

get a - way, __ gon - na blow __ this town. __
hearts start rac - in' for that coun - ty line. __

What a - bout now? __

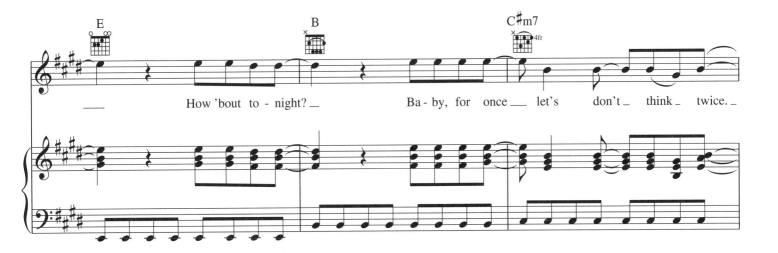

__ How 'bout to - night? __ Ba - by, for once __ let's don't __ think __ twice. __

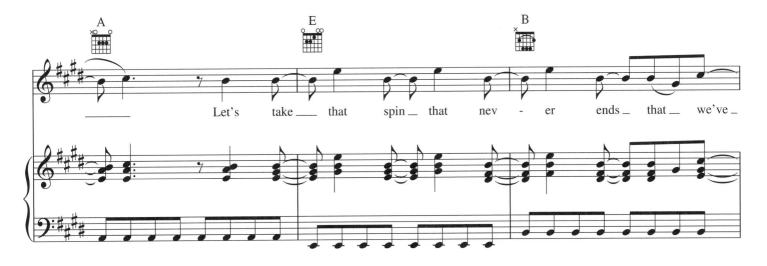

__ Let's take __ that spin __ that nev - er ends __ that __ we've __

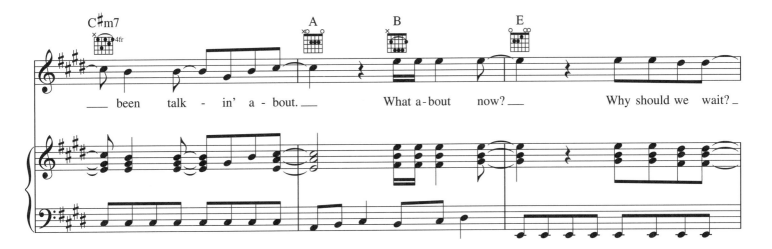

__ been talk - in' a - bout. __ What a - bout now? __ Why should we wait? __

We can chase ___ these dreams ___ down the in - ter-state ___ and be ___

___ long gone ___ 'fore the world ___ moves on ___ and ___ makes ___ an - oth - er ___ round.

What a-bout now? ___

We've been put - ___ What a-bout now? ___

We could hang _ a - round _

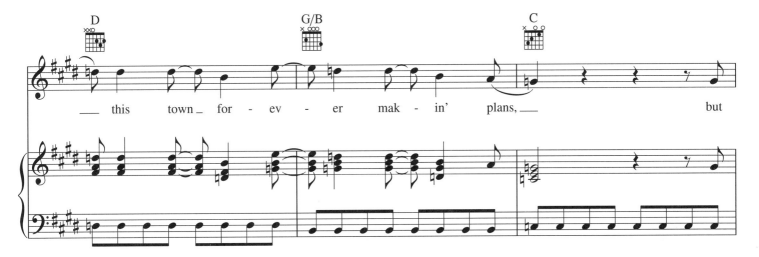

_ this town _ for - ev - er mak - in' plans, _ but

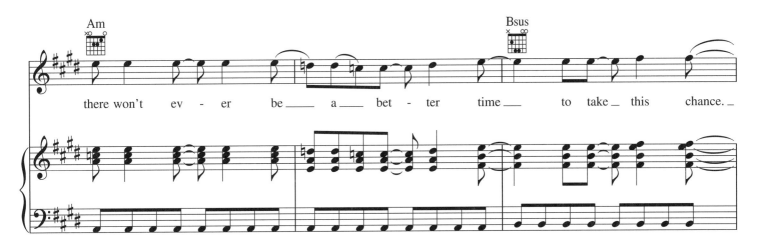

there won't ev - er be _ a _ bet - ter time _ to take _ this chance. _

What a - bout now? _ How 'bout to - night? _

Ba - by, for once __ let's don't __ think __ twice. _____ Let's take __

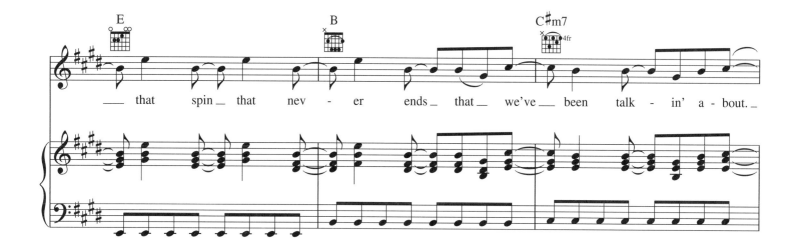

__ that spin __ that nev - er ends __ that __ we've __ been talk - in' a - bout.

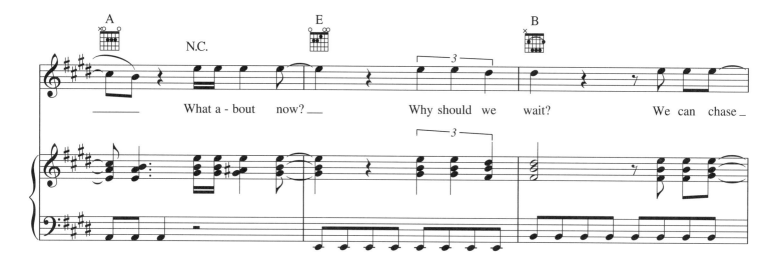

_____ What a - bout now? ___ Why should we wait? ___ We can chase __

__ these dreams __ down the in - ter - state __ and be __ long gone __ 'fore the world __

_____ moves on _____ and _____ makes _____ an - oth - er round. _____ What a-bout now? _____

Oh, _____

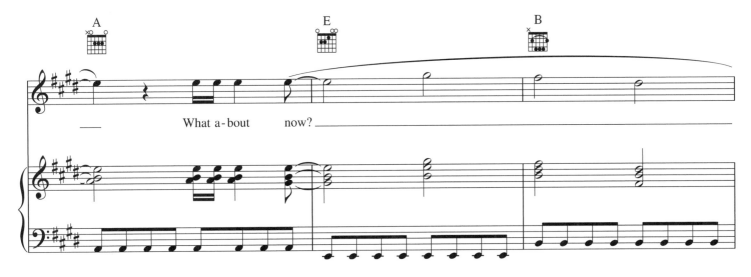

_____ What a-bout now? _____

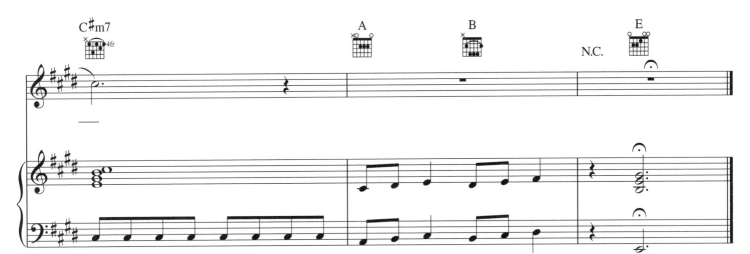

WHEN THE SUN GOES DOWN

Words and Music by
BRETT JAMES

Sun - tan toes tick - lin' the sand, _
All day long just tak - in' it eas - y,

cold drink chill - in' in my ___ right ___ hand, ___ watch - in' you sleep in the
lay - in' in a ham - mock where it's ___ nice and breez - y and sleep - in' off ___ the

eve - nin' light, ___ rest - in' up for a long, long ___ night.} 'Cause when the
night be - fore, ___ 'cause when the sun goes down, we'll be back for ___ more.

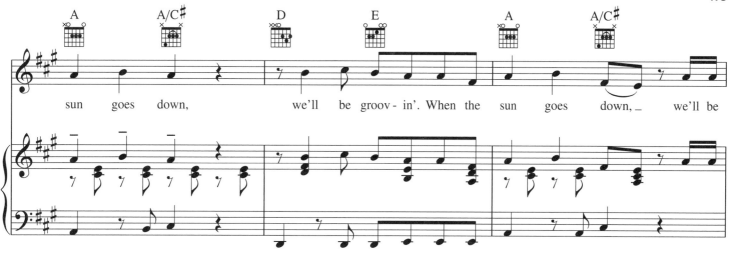

sun goes down, we'll be groov-in'. When the sun goes down, __ we'll be

feel-in' al - right. When the sun __ sinks down, __ o - ver the wa - ter,

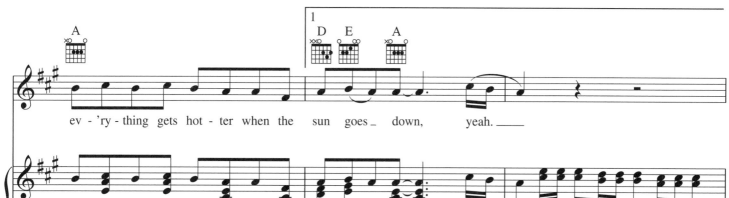

ev - 'ry-thing gets hot-ter when the sun goes __ down, yeah. ___

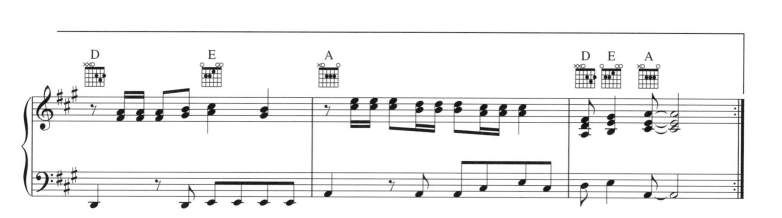

sun goes _ down. _

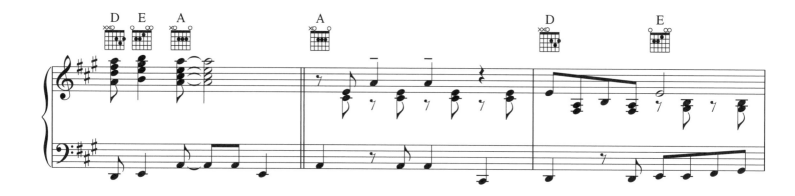

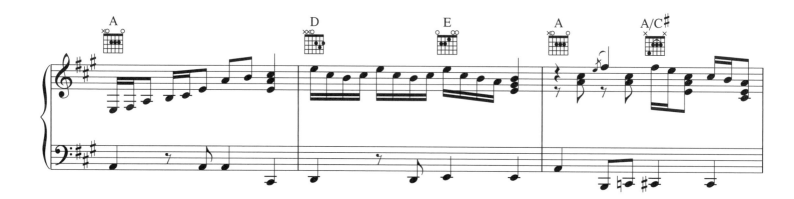

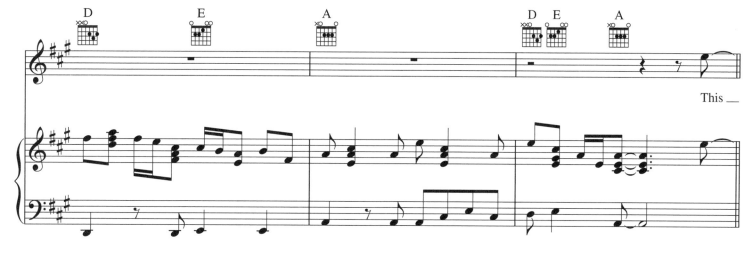

This ___

___ old gui - tar and my dark sun glass - es, this sweet con - coc - tion is

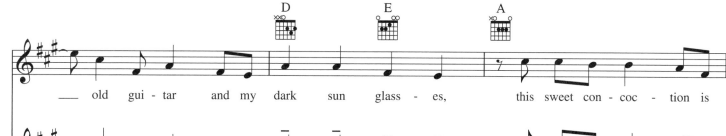

smooth as mo - las - ses. Noth - in' to do but breathe all ___ day ___ un - til the

big moon ris - es and it's time to play. ___ When the sun ___ goes down,

we'll be groov- in'. When the sun goes down, __ we'll be feel- in' al- right. When the sun __

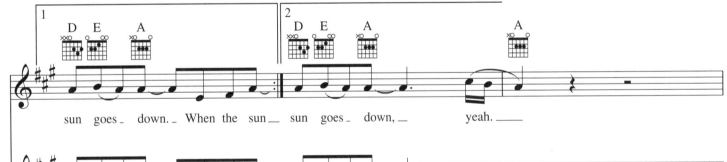

__ sinks down, o - ver the wa - ter, ev - 'ry-thing gets hot - ter when the

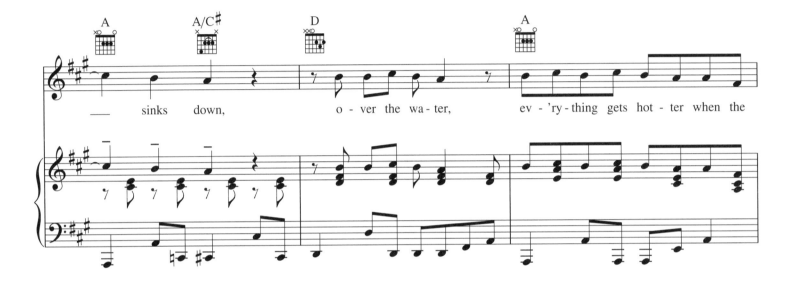

sun goes __ down. __ When the sun __ sun goes __ down, __ yeah. ____

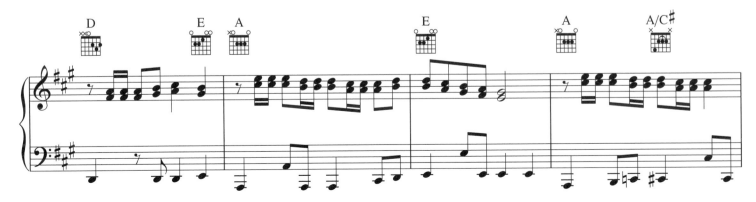

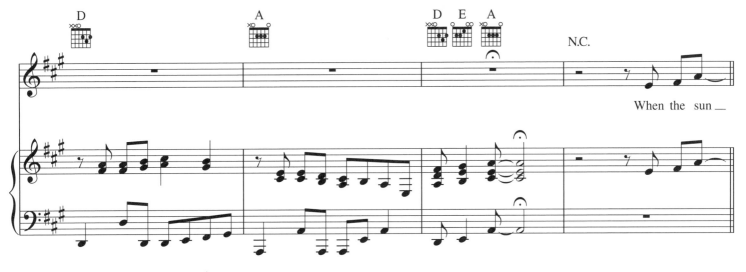

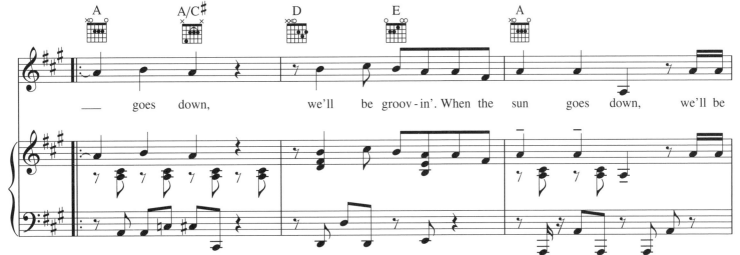

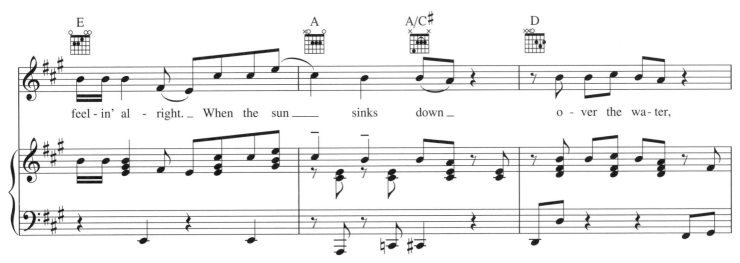

WHERE WERE YOU
(When the World Stopped Turning)

Words and Music by
ALAN JACKSON

work-in' on some stage _ in L. A.? Did you stand there in shock at the
driv-in' on some cold _ in - ter - state? Did you feel guilt - y 'cause _

sight of that black smoke ris - in' a - gainst that blue sky? Did you
you're a sur - viv - or, in a crowd-ed room did you feel a - lone? Did you

shout out in an - ger in fear for your neigh - bor, or did you just sit down and
call up your moth - er and tell her you love her? Did you dust off that Bi - ble at

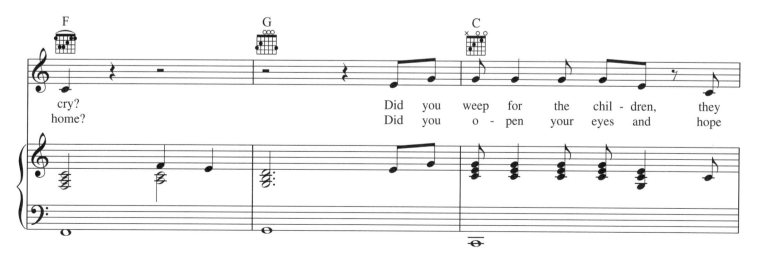

cry? Did you weep for the chil - dren, they
home? Did you o - pen your eyes and hope

lost their dear loved ones, pray for the ones ___ who don't know? Did you re -
it nev - er hap - pened, close your eyes and not go to sleep? Did you

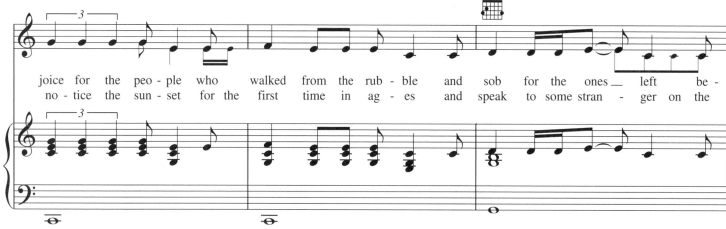

joice for the peo - ple who walked from the rub - ble and sob for the ones ___ left be -
no - tice the sun - set for the first time in ag - es and speak to some stran - ger on the

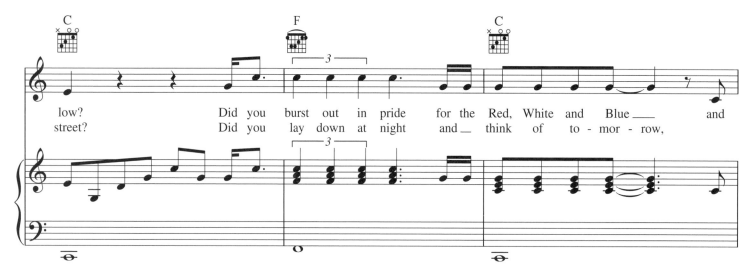

low? Did you burst out in pride for the Red, White and Blue ___ and
street? Did you lay down at night and ___ think of to - mor - row,

he - roes who died just do - in' what they do? Did you look up to heav - en for
go out and buy you a gun? Did you turn off that vio - lent old

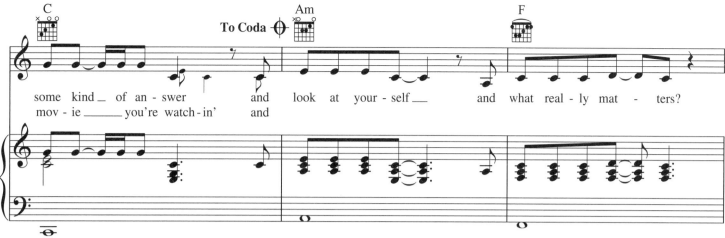

some kind __ of an-swer   and   look at your-self __   and   what real-ly mat - ters?
mov - ie _____ you're watch-in'   and

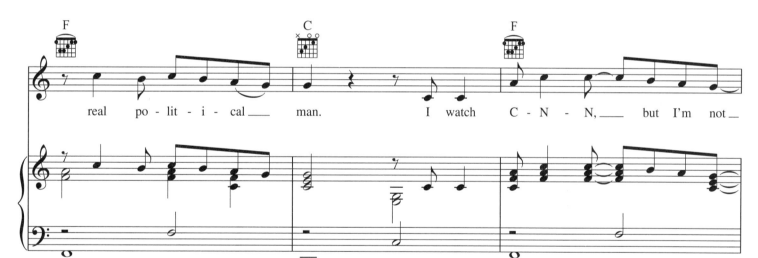

I'm just a sing-er of ___ sim-ple songs. __   I'm not a

real po - lit - i - cal ___ man.   I watch C - N - N, ___ but I'm not __

___ sure I can tell you   the dif - f'rence in I - raq and I - ran.   But

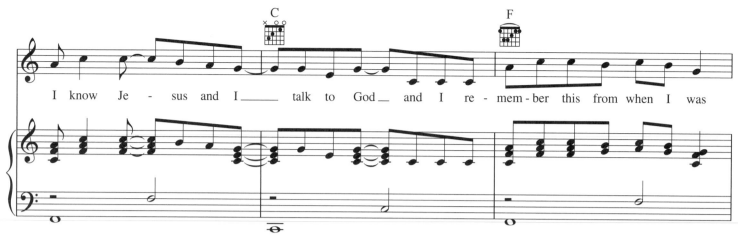

I know Je - sus and I _____ talk to God _ and I re - mem - ber this from when I was

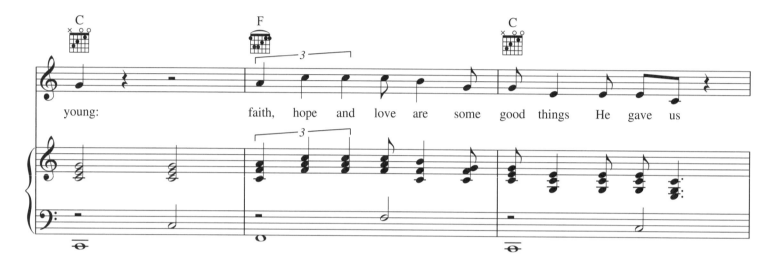

young: faith, hope and love are some good things He gave us

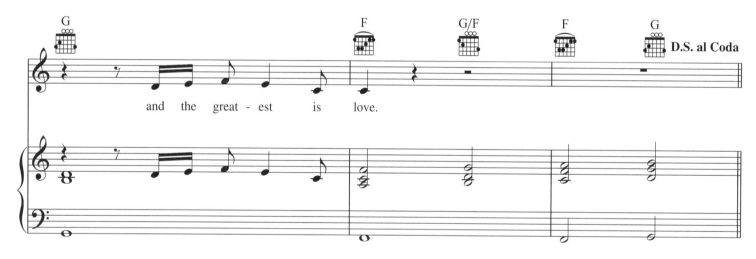

and the great - est is love.

D.S. al Coda

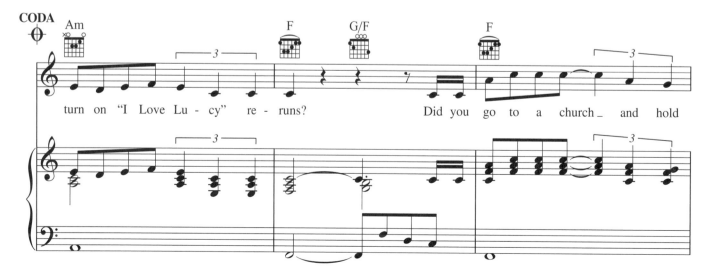

CODA

turn on "I Love Lu - cy" re - runs? Did you go to a church _ and hold

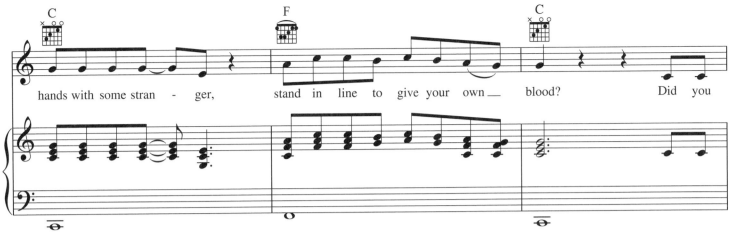

hands with some stran - ger, stand in line to give your own __ blood? Did you

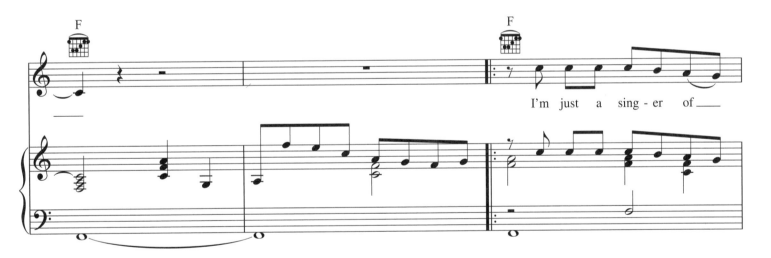

just stay home __ and cling __ tight __ to your fam -'ly, thank God you have some-bod - y to love? __

I'm just a sing - er of __

sim - ple songs. __ I'm not a real po - lit - i - cal __ man. I watch

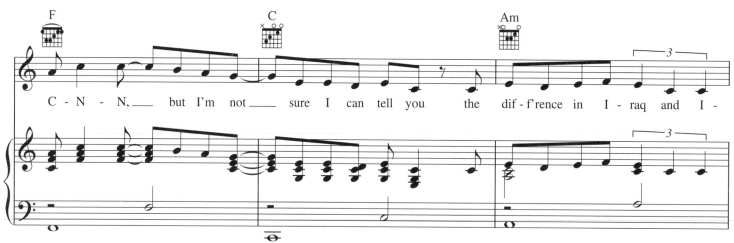

C - N - N, ___ but I'm not ___ sure I can tell you the dif - f'rence in I - raq and I -

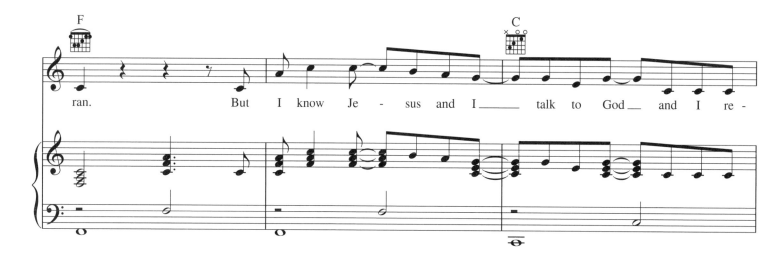

ran. But I know Je - sus and I ___ talk to God ___ and I re -

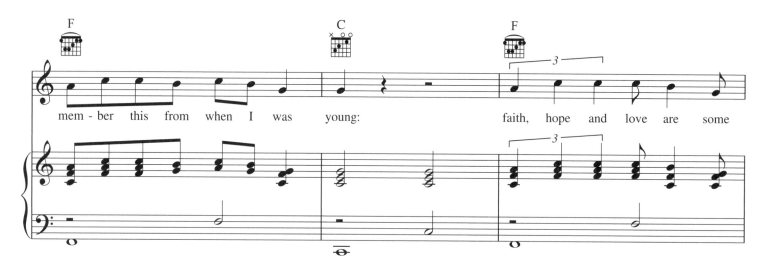

mem - ber this from when I was young: faith, hope and love are some

good things He gave us and the great - est is love.

love,

and the great - est is love,

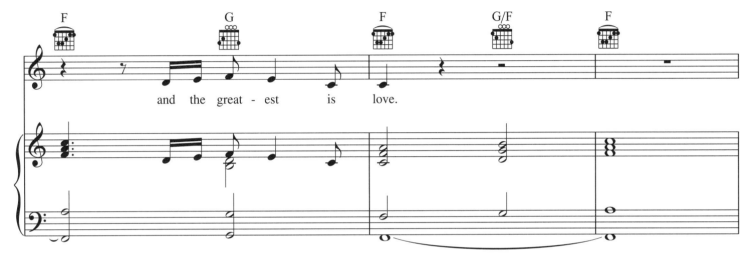

and the great - est is love.

Where were you when the world _____ stopped turn - in'

rit.

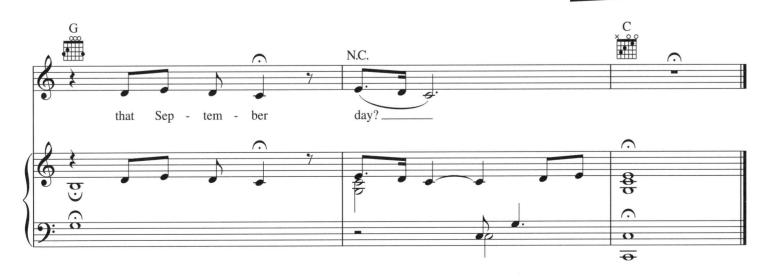

that Sep - tem - ber day? _____

THE WORLD

Words and Music by KELLEY LOVELACE,
BRAD PAISLEY and LEE THOMAS MILLER

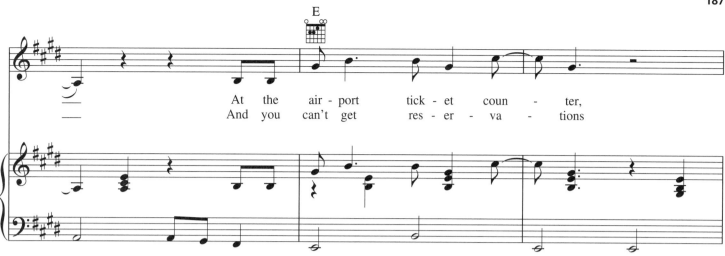

At the air - port tick - et coun - ter,
And you can't get res - er - va - tions

you're just an - oth - er fare. _____ At the beau - ty shop at the mall, _
'cause you don't have the clout. _____ Or you did - n't get an in - vi - ta -

tion _____ well, _ you're just _____ an - oth - er head of hair. _____ Well, that's al - right, _
'cause some - bod - y left _ you out. _____ }

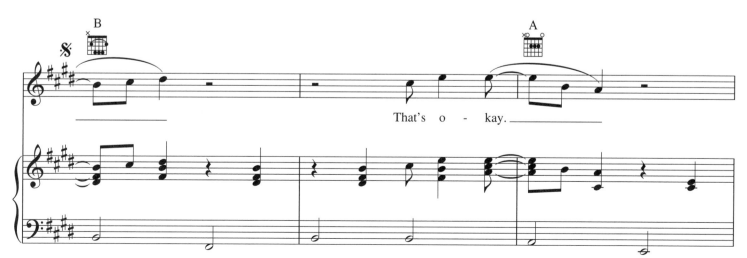

_____ That's o - kay. _____

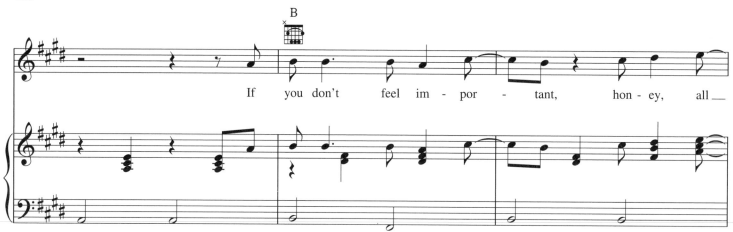

If you don't feel im - por - tant, hon - ey, all ___

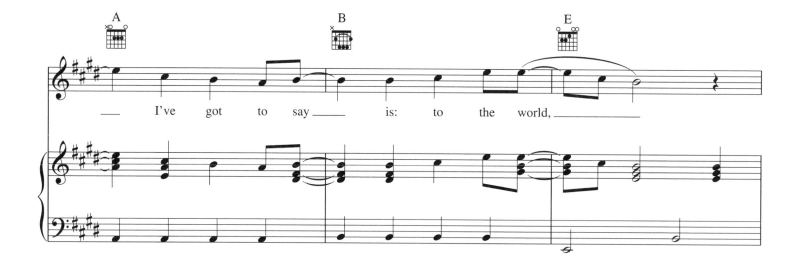

___ I've got to say ___ is: to the world, ___

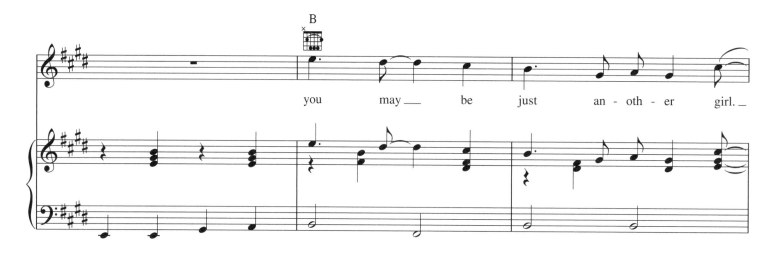

you may ___ be just an - oth - er girl. ___

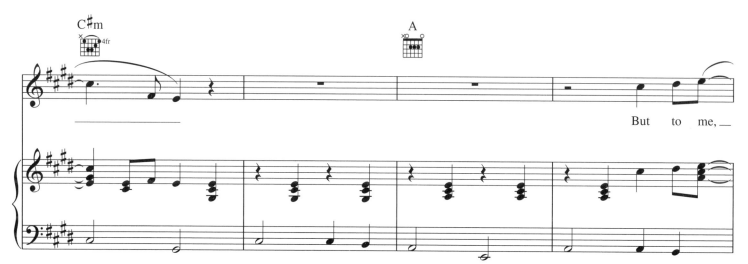

But to me, ___

ba - by, __ you are __ the world. __

To the

You think you're one __ out of

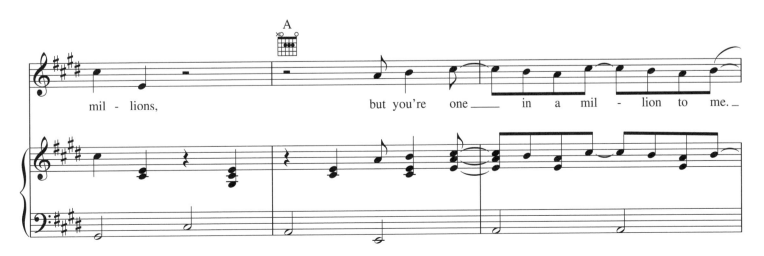

mil - lions, but you're one __ in a mil - lion to me. __

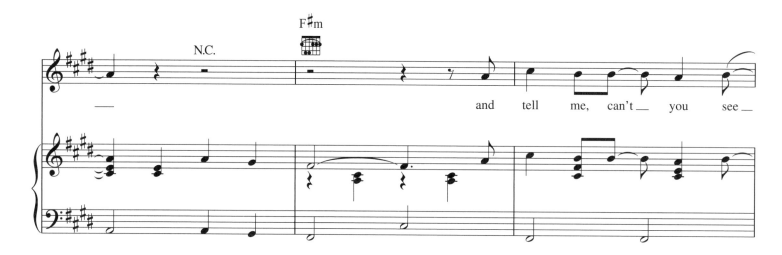

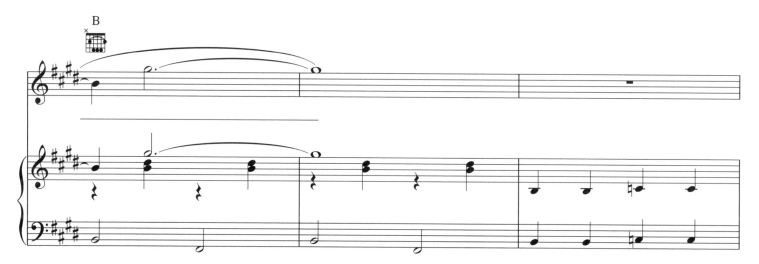

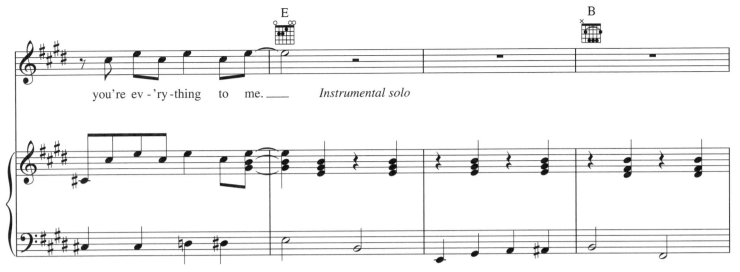

you're ev-'ry-thing to me. ___ *Instrumental solo*

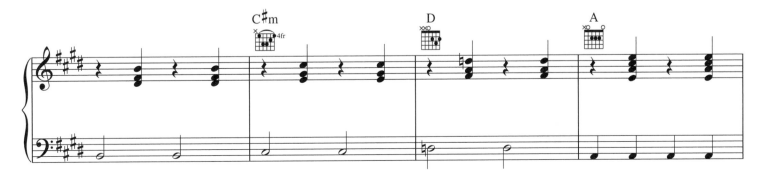

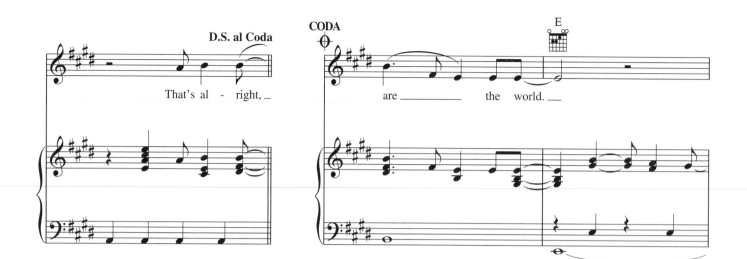

That's al - right, ___   are ___ the world. ___